••• Títulos relacionados

AF274173

ADGG0308 ASISTENCIA DOCUMENTAL
Y DE GESTIÓN EN DESPACHOS Y OFICINAS

[DISPONIBLE CERTIFICADO COMPLETO]

Solicítalos en:
- Librería
- www.paraninfo.es
- Solicitudes nacionales +34 914 463 350
- Solicitudes fuera de España +34 913 308 907, +34 913 308 919

Gestión de la documentación de constitución y de contratación de la empresa
UF0523

Enrique García Prado

© 2025 Ediciones Paraninfo, S. A.
© 2025 Enrique García Prado

Maquetación: Ediciones Nobel
Impresión: Liberdigital (Casarrubuelos, Madrid)
ISBN: 978-84-283-7458-3
Depósito legal: M-23541-2025

Impreso en España

Autor

Enrique García Prado trabaja como docente en el ámbito de la formación ocupacional y continua. Licenciado en Derecho, ha cursado los estudios de Técnico Superior en Prevención de Riesgos Laborales, Máster Universitario en E-*learning* y Redes Sociales, Máster en Asesoría Fiscal, Experto Universitario Sociolaboral, Programa Avanzado en Dirección Empresarial, Gestión de la Organización Empresarial, Gerente de Pequeña y Mediana Empresa, Gestor Administrativo y Mediador de Seguros Titulado. Como autor, tiene publicados diversos manuales para certificados de profesionalidad.

Para José Ramón Fernández y su familia

Gracias por vuestra confianza y amistad

Me ayudasteis a salir adelante de una forma que jamás podré agradeceros, pero, al menos, quiero dejar constancia de mi reconocimiento hacia vosotros.

Índice

Introducción normativa

La Ley Orgánica 3/2022, de 31 de marzo, de ordenación e integración de la Formación Profesional, contiene una disposición derogatoria única que afecta a la regulación de los Certificados de Pofesionalidad, ahora denominados **Certificados Profesionales**. La referida normativa deroga la Ley Orgánica 5/2002, de 19 de junio, de las Cualificaciones y de la Formación Profesional, y abre un escenario de cambios que se irán implementando progresivamente.

La Ley Orgánica 3/2022, de 31 de marzo, de ordenación e integración de la Formación Profesional, implica que toda la formación es acumulable. La oferta formativa se estructura de forma escalonada, siendo los Certificados Profesionales un nivel intermedio (Grado C) de una escala que va desde el Grado A hasta el D.

En los artículos 35 a 38 de la Ley 3/2022 se describe en qué consisten estos Certificados Profesionales: su oferta, formación asociada, estructura, duración, acceso, titulación y validez. Posteriormente, esta normativa se completa con lo dispuesto en el Real Decreto 659/2023, de 18 de julio, que desarrolla la ordenación del sistema de Formación Profesional. Concretamente en los artículos 67 a 81 es donde se hace referencia a la oferta formativa de Grado C, correspondiente a los Certificados Profesionales.

Están agrupados en 26 familias profesionales con características comunes del sector. En la actualidad hay más de medio millar de Certificados Profesionales incluidos en el Repertorio Nacional. Esta cifra no deja de crecer. Además, cada certificado está específicamente regulado por un real decreto.

Un Certificado Profesional corresponde al Grado C de la oferta del Sistema de Formación Profesional. Es un documento oficial, con validez en todo el territorio nacional y debe constar en el Catálogo Nacional de Ofertas de Formación Profesional, que certifica la capacitación para el desarrollo de una actividad profesional.

Debe detallar los módulos profesionales superados y los estándares de competencia profesional asociados a él e incluidos en el **Catálogo Nacional de Estándares de Competencias Profesionales**, así como su correspondencia con el Marco Español de Cualificaciones.

Despliegan su validez en un doble ámbito, laboral y académico:

- En el contexto laboral tienen validez profesional, porque acreditan las competencias en una determinada profesión. Para poder trabajar en algunas profesiones, se exigen determinadas cualificaciones, y los certificados sirven para acreditarlas.

- Asimismo, tienen validez académica, puesto que permiten continuar un itinerario formativo siempre que se cumplan los requisitos de acceso para cursar la titulación deseada. De tal modo que, los Certificados Profesionales que sean parte de un Grado D permitirán la matrícula modular para completar los módulos establecidos en el currículo y obtener el correspondiente título de técnico básico, técnico o técnico superior con validez en todo el territorio nacional.

Para obtener un Certificado Profesional (Grado C) es preciso cumplir con los requisitos de acceso para realizar la formación.

Estructura de los Certificados Profesionales

I. Identificación: denominación, familia y área profesional a la que pertenecen; nivel de cualificación profesional (1, 2 o 3); cualificación profesional de referencia; entorno profesional y módulos formativos que esté previsto cursar junto con la duración de cada uno de ellos.

II. Perfil profesional: incluye las competencias profesionales requeridas en el mercado laboral. En todas ellas se concretan las realizaciones profesionales y los criterios de realización.

III. Formación: describe los módulos formativos que esté previsto cursar para adquirir las competencias requeridas. En cada uno de ellos se indican las capacidades que se pretende alcanzar y la duración del módulo de prácticas no laborales —PNL—, para el que cabe solicitar exención si se cumplen determinados requisitos.

IV. Prescripciones de las personas formadoras.

V. Requisitos mínimos de espacios, instalaciones y equipamiento.

Los Certificados Profesionales se identifican con una denominación concreta y un código alfanumérico propio, y sirven para acreditar una determinada Cualificación Profesional. Cada certificado está asociado a una relación de unidades de competencia que, a su vez, se vinculan con una serie de módulos formativos específicos. Algunos módulos están integrados por unidades formativas y tanto unos como otras son, en ocasiones, transversales, lo que significa que se trata de contenidos incluidos en más de un Certificado Profesional.

Los Certificados Profesionales se articulan en tres niveles de competencia profesional (1, 2 y 3) conforme a lo dispuesto en el que será el Catálogo Nacional de Estándares de Competencias Profesionales, anteriormente Catálogo Nacional de Cualificaciones Profesionales (CNCP), según los criterios establecidos de conocimientos, iniciativa, autonomía y complejidad de las tareas, en cada una de las ofertas de Formación Profesional.

La oferta formativa dirigida a la obtención de los Certificados Profesionales tiene carácter modular para favorecer la acreditación parcial acumulable de la formación recibida y posibilitar así el avance en el itinerario de Formación Profesional para cualquiera que sea la situación laboral de cada persona en cada momento.

En definitiva, el Grado C constituye la oferta, parcial y acumulable, del sistema de Formación Profesional, de varios módulos profesionales del catálogo modular de Formación Profesional por razón de su significado en el mercado laboral y conducente a la obtención de un Certificado Profesional.

Las ofertas de Grado C de Formación Profesional tendrán por objeto módulos profesionales incluidos previamente en el catálogo modular de Formación Profesional y asociados al Catálogo Nacional de Estándares de Competencias Profesionales.

Finalidad de los Certificados Profesionales

- Contribuir a la ordenación de un Sistema de Formación Profesional al servicio de un régimen de formación y acompañamiento profesionales que sea capaz de responder con flexibilidad a los intereses, expectativas y aspiraciones de cualificación profesional de las personas a lo largo de su vida.

- Combinar escuela y empresa situando a la persona en el centro del sistema.

- Facilitar el aprendizaje permanente de toda la ciudadanía mediante una formación abierta, flexible y accesible, estructurada de forma modular, a través de la oferta formativa asociada al certificado.

- Acreditar las cualificaciones profesionales o las unidades de competencia recogidas en estas, independientemente de su vía de adquisición, bien sea a través de la vía formativa, o mediante la experiencia laboral o vías no formales de formación.

- Favorecer, tanto a nivel nacional como europeo, la transparencia del mercado de trabajo.

- Contribuir a la calidad de la oferta de Formación Profesional.

Este libro

El presente libro desarrolla la Unidad Formativa denominada *Gestión de la documentación de constitución y de contratación de la empresa,* UF0523.

Dicha unidad formativa está asociada a la Unidad de Competencia UC0988_3, forma parte del Módulo Formativo MF0988_3 *Gestión de documentación jurídica y empresarial* perteneciente a la Cualificación Profesional de referencia: ADG310_3, de nivel 3, incluida en el Certificado Profesional denominado *Asistencia documental y de gestión en despachos y oficinas,* dentro de la familia profesional Administración y gestión.

Según el Real Decreto 1210/2009, de 17 de julio, modificado por el RD 645/2011, de 9 de mayo, los contenidos que en esta obra se recogen se corresponden con una duración de 80 horas.

Tanto la estructura como el desarrollo del libro se ajustan al citado real decreto y, más concretamente, a los contenidos de la Unidad Formativa que le da título *Sistemas de archivo y clasificación de documentos.*

Contenidos

1. **Documentación legal de la constitución y funcionamiento ordinario de la empresa**
   - La empresa como ente jurídico y económico.
   - El plan de empresa.
   - Tipos de empresas según su forma jurídica: características. Trámites de constitución. Documentos jurídicos necesarios para la constitución y funcionamiento. Fiscalidad. Ventajas e inconvenientes. Legislación aplicable:
     — Empresario individual.
     — Comunidad de bienes.
     — Sociedad comanditaria.
     — Sociedad colectiva.
     — Sociedad cooperativa.
     — Sociedad limitada.
     — Sociedad anónima.
     — Sociedad laboral.
   - Elaboración y análisis de los documentos de constitución y funcionamiento de las distintas formas jurídicas empresariales.

- Elevación a público de los documentos de constitución y gestión empresarial.
- Obligaciones contables:
  — Nuevo Plan General Contable.
  — Principios contables.
  — Libros de contabilidad.
  — Libros de registro.
  — Auditoría de cuentas.
- Obligaciones fiscales.
- Obligaciones laborales.
- Registro público:
  — Civil. Mercantil. Otros.
  — Obligaciones registrales.
  — Acceso.
  — Protección de datos.

2. Contratación de la empresa con organizaciones y administraciones públicas

- Legislación aplicable a los procesos de contratación pública.
- Partes del contrato.
- Procedimiento general de contratación:
  — Requisitos generales.
  — Requisitos de publicidad.
- Pliego de prescripciones técnicas. Pliego de cláusulas administrativas. Certificado de existencia de crédito. Fiscalización del gasto.
- Modalidades de tramitación del expediente:
  — Ordinaria.
  — Urgente.
  — De emergencia.
- Adjudicación:
  — Concepto, formas y normas de aplicación en el proceso de adjudicación.
  — Notificación y publicación de la adjudicación.

- Formalización del contrato.
- Fuentes de información y publicidad de concursos públicos.

3. Contratación privada de la empresa

- Proceso de contratación privado.
- Normativa civil y mercantil aplicable.
- Tipos de contratos: compraventa. Franquicia. Intermediación comercial (Agencia. Comisión. Mediación). *Leasing* y *renting*. *Factoring* y *confirming*. Transporte. Seguro.
  - — Análisis de las partes contratantes: legitimación, obligaciones.
  - — Contenido: cláusulas fundamentales.
  - — Cumplimiento y causas de resolución del contrato.
  - — Normativa aplicable.
  - — Modelos de contratos.
- Búsqueda de modelos de contratos.
- Cumplimentación de modelos de contratos a través de aplicaciones informáticas.
- Archivo de la información y documentación de cada contrato.

■ Nota del Editor

En Ediciones Paraninfo estamos comprometidos con la calidad de la formación e intentamos que nuestros materiales respondan fielmente y con rigor a las necesidades de todos cuantos confían en nuestro sello editorial.

Tratamos de dar respuesta a los currículos de las unidades formativas y de los módulos que integran los distintos Certificados Profesionales, equilibrando la parte teórica con la práctica para que los procesos de aprendizaje se conviertan en experiencias gratificantes, tanto para docentes como para las personas inmersas en los procesos formativos.

Nuestros objetivos son contribuir de forma decisiva a afianzar aprendizajes, ayudar a adquirir destrezas que tengan significado para el empleo y conseguir potenciar el desarrollo personal.

Para lograrlo contamos con excelentes autores, expertos en las materias que abordan, en la mayoría de los casos docentes de dichas especialidades con dilatada experiencia tanto profesional como académica, porque buscamos perfiles familiarizados con los contextos laborales concretos a los que se refieren nuestros manuales.

Confiamos en poder serte de ayuda y esperamos tus impresiones acerca de nuestro trabajo. Sean positivas o negativas, serán muy bien recibidas y, sin duda, nos ayudarán a seguir mejorando y trabajando con ilusión para continuar siendo un referente en formación para el empleo.

Agradecemos tu confianza en nuestros manuales. Todo nuestro equipo queda a tu total disposición. Puedes contactar con nosotros en esta dirección de correo electrónico:

info@paraninfo.es

1. Documentación legal de la constitución y funcionamiento ordinario de la empresa

Contenido

Como paso previo al inicio de la actividad productiva, es imprescindible que el futuro empresario conozca con detalle cada una de las formas jurídicas que el ordenamiento jurídico pone a su disposición para la creación de su empresa, así como el conjunto de trámites administrativos que implicará cada una de esas diferentes formas jurídicas.

1.1. La empresa como ente jurídico y económico

Teniendo en cuenta la perspectiva jurídica, la empresa adquiere diversas formas, no existiendo una uniformidad en esta materia. Así, la forma más numerosa en nuestro país es el empresario individual o autónomo, el cual no tiene una personalidad jurídica diferenciada de la del individuo. Por otra parte, existe una diversidad de formas jurídicas que se caracterizan por tener una personalidad jurídica propia y diferenciada de sus socios. Estas serán analizadas posteriormente con detalle y cabe destacar, por su mayor abundancia, tanto la sociedad limitada como la sociedad anónima.

Desde un punto de vista económico, la empresa puede definirse como la unidad económica, cuya finalidad es la obtención de beneficios económicos para los socios de la misma, que incluye variedad de factores productivos: recursos humanos (personal que presta sus servicios en la empresa), recursos materiales (instalaciones, maquinaria, edificios, etc.), recursos inmateriales (marcas, propiedad industrial), recursos financieros (con los que pueden adquirirse bienes materiales, inmateriales y hacer frente a los costes derivados de los recursos humanos) y que combina dichos factores para llevar a cabo la producción de bienes y servicios para ponerlos en el mercado y ofrecerlos tanto a otras empresas como a entidades públicas y personas físicas.

1.1.1. Clasificación de las empresas

- En función de su tamaño (de acuerdo a la Directiva 2923/2775):

	Clases de empresa			
	Microempresa	Pequeña empresa	Mediana empresa	Gran empresa
Número de trabajadores	<10	<50	<250	= o >250
Volumen de facturación. Millones €	<0,9	<10	<50	= o >50
Balance general. Millones €	<0,45	<5	<25	= o >25

Esta clasificación tiene un especial interés debido a que es el criterio empleado en numerosas ocasiones en orden a determinar lo que se entiende por pequeña y mediana empresa (pyme), algo muy importante en orden a la obtención de determinadas subvenciones públicas o a poder acceder a ciertas líneas de financiación preferente.

- En función de su actividad productiva:
  - **Prestadoras de servicios:** se presentan de forma más frecuente en las economías a medida que alcanzan un mayor desarrollo. Actúan en el mercado ofreciendo servicios profesionales de muy distintos tipos, cabe destacar la banca, las asesorías, la hostelería, el transporte y el turismo. Se denomina también sector terciario.
  - **Productoras de bienes:** ponen en el mercado bienes de distintos tipos, subdividiéndose entre sector primario (ganadería, agricultura, pesca, minería, etc.) y secundario (construcción, fabricación de maquinaria, empresas siderúrgicas, fabricación de bienes de consumo, etcétera).

La clasificación exacta se encuentra en la Clasificación Nacional de Actividades Económicas (CNAE). El objetivo de esta clasificación es presentar un conjunto estructurado de actividades económicas que pueda emplearse para favorecer la creación de estadísticas nacionales que permitan agrupar las actividades en función de su naturaleza.

- En función de la titularidad del capital social:
  - **Empresas privadas:** su capital social pertenece a empresas privadas o a personas físicas.
  - **Empresas públicas:** su capital social es propiedad de entidades públicas (Estado, comunidades autónomas, entidades locales u otras entidades de carácter público).
  - **Empresas mixtas:** la titularidad de su capital corresponde tanto a entidades públicas como privadas.

1.2. El plan de empresa

El plan de empresa, también denominado plan de negocio, es el documento básico del futuro empresario. En él debe plasmarse toda la información relativa al proyecto empresarial que se encuentra en proyecto. Tiene diversas funciones:

- **Respecto al propio emprendedor:** lo ayuda a tener una visión de conjunto y lo más completa posible acerca del proyecto empresarial que desea llevar a cabo, en el que podrá comprobar la viabilidad económica o no del mismo.

4

- **Respecto a posibles socios:** sirve como carta de presentación a la hora de que otros posibles inversores decidan aportar capital al nuevo proyecto.

- **Ante entidades de financiación:** que requieren el plan de empresa para estudiar la solvencia del proyecto y otorgar o no la financiación necesaria.

Realizar un plan de negocio riguroso no garantiza el éxito de la iniciativa empresarial, puesto que pueden aparecer factores que no se podían esperar en el momento de su redacción (nuevos competidores en el mercado, modificaciones legislativas), pero, sin duda, no prepararlo incrementa muy notablemente las posibilidades de fracaso, ya que puede haber una idea muy brillante desde el punto de vista teórico, pero de imposible viabilidad económica.

Debe considerarse que es una forma de simular las situaciones ante las cuales puede encontrarse el empresario. Pueden hacerse proyecciones de cuál sería el desarrollo económico de la empresa en varios escenarios, en función, por ejemplo, de la evolución de la situación económica o de la competencia con la que podría enfrentarse en el mercado o cualquier otra variable que tener en cuenta.

También servirá al emprendedor para que compruebe si se han producido o no desviaciones en relación con los cálculos realizados inicialmente, por ejemplo, en cuanto a las inversiones que realizar para iniciar la andadura de la empresa, del mismo modo, una vez estando la misma en funcionamiento, permitirá observar la evolución de gastos e ingresos respecto a las previsiones.

No existe una forma única de realizarlo, si bien hay una serie de puntos que deben ser abordados a la hora de redactarlo:

- **Denominación de la empresa y actividad económica:** que pretende desarrollar en el mercado, así como el ámbito geográfico en el que la empresa tiene previsto ejercer su actividad.

- **Forma jurídica:** que la empresa va a adoptar, de entre la amplia variedad que existe.

- **Perspectivas futuras de la empresa:** indicar el desarrollo que el emprendedor espera respecto del futuro de la empresa, las metas económicas que espera alcanzar y su temporalización.

- **El estado del mercado:** se hará referencia a la competencia presente y prevista con la que la empresa se encontrará en el mercado y cuáles son los factores de diferenciación que nuestro proyecto aporta. Se analizará igualmente la existencia o no de barreras de entrada o salida en ese mercado.

- **Tipo de clientes a los que se aspira llegar**: pueden ser personas físicas, jurídicas o instituciones públicas. Igualmente puede distinguirse con base en otros criterios tales como clase social, estructura familiar, etcétera.

- **Plan de financiación**: deben señalarse los recursos con los que la empresa debe contar para poder iniciar su actividad y, posteriormente, mantenerse en el mercado los primeros años de su existencia. Hay que hacer referencia al origen del capital con el que se financiará el negocio, especificando si son propios o ajenos y dónde estará el punto de equilibrio a partir del cual la empresa ha alcanzado la rentabilidad.

- **Plan de recursos humanos**: las personas que son precisas para desarrollar la actividad empresarial. Se especificarán los tipos de contrato que realizar (laborales o mercantiles), las categorías profesionales y las retribuciones estimadas que se van a percibir por dichos trabajadores.

- **Instalaciones**: la empresa requerirá unas instalaciones más o menos importantes. Deberán indicarse los costes asociados a ellas, si se va a optar por compra o por alquiler de las mismas, así como el coste de las obras o equipamientos que vayan a ser precisos.

- **Recursos inmateriales**: es posible que deban adquirirse patentes, licencias de uso de programas informáticos, cánones de entrada a una franquicia o similares.

- **Plan de *marketing***: la empresa debe darse a conocer en el entorno en que va a desarrollar su actividad y deberá decidir las formas en que extenderá su imagen en la sociedad y otros aspectos básicos como la política de precios o promociones que va a presentar al mercado. Deberá diseñar el *marketing-mix* de su empresa (precio, distribución, producto, publicidad y promoción).

1.3. Tipos de empresas según su forma jurídica: características. Trámites de constitución. Documentos jurídicos necesarios para la constitución y funcionamiento. Fiscalidad. Ventajas e inconvenientes. Legislación aplicable: empresario individual, comunidad de bienes, sociedad comanditaria, sociedad colectiva, sociedad cooperativa, sociedad limitada, sociedad anónima, sociedad laboral

En este epígrafe se analizarán las principales formas jurídicas que existen en el ordenamiento jurídico español a disposición del futuro emprendedor a la hora de crear su futura empresa.

El emprendedor deberá manejar una serie de criterios a la hora de elegir la forma jurídica que mejor se adapta a sus necesidades:

- **Tributación y ayudas públicas:** hay que tener presente cuestiones como que una sociedad limitada tributa en el impuesto sobre sociedades, y un trabajador autónomo en el impuesto sobre la renta de las personas físicas. Por otra parte, figuras como las empresas de economía social cuentan habitualmente con líneas de ayudas específicas.

- **Responsabilidad patrimonial:** como ejemplo, en líneas generales, el trabajador autónomo extiende la responsabilidad patrimonial hacia su patrimonio personal, sin embargo, los socios de una responsabilidad limitada solo responden con el capital aportado a la empresa. Deberá decidirse de acuerdo a los intereses personales de los emprendedores.

- **Número de socios:** hay formas jurídicas, como la sociedad limitada laboral, que exigen un número mínimo de partícipes. En función de los que intervengan se podrá acceder a unas u otras formas jurídicas.

- **Necesidades de capital:** la sociedad limitada exige un capital mínimo de 1 €, y la sociedad anónima de 60 000 €, sin embargo, convertirse en trabajador autónomo no implica ningún desembolso de capital. Las disponibilidades económicas pueden limitar la variedad de opciones para elegir una forma jurídica con las que cuentan los emprendedores.

- **Afiliación a la Seguridad Social:** el empresario individual ha de estar afiliado al Régimen Especial de Trabajadores Autónomos, sin embargo, cumpliendo los correspondientes requisitos, los socios de una sociedad limitada laboral pueden permanecer afiliados en el Régimen General de la Seguridad Social.

- **Agilidad en la tramitación:** constituirse como empresario individual o como sociedad limitada en nueva empresa es mucho más ágil que constituir una sociedad anónima. Sin embargo, no debería ser el criterio que sirviese a un emprendedor para decidir qué forma jurídica adoptar.

1.3.1. Empresario individual

Definido frecuentemente como autoempleo, dado que es frecuente que se trate del modo en que una persona se integra en el ámbito empresarial con el ánimo de obtener un trabajo mediante el sistema de proporcionándoselo a sí mismo. Es una persona física que, con independencia de que cuente con trabajadores contratados o no, lleva a cabo con habitualidad y de un modo directo, personal, por su propia cuenta y sin encontrarse dentro del ámbito de organización y dirección de otras personas, una actividad de tipo económico o profesional con ánimo de lucro.

Dentro de este colectivo, y con vigencia desde la Ley 20/2007, del Estatuto del Trabajo Autónomo, ha sido definida la figura del TRADE o trabajador autónomo dependiente económicamente, que se define como aquel que desarrolla una actividad económica o profesional a título lucrativo y de forma habitual, personal, directa y predominante para una persona física o jurídica, denominada cliente, del que dependen económicamente por percibir de él, como mínimo, el 75 % de sus ingresos por rendimientos de trabajo y de actividades económicas o profesionales.

Para que el desempeño de la actividad económica o profesional como trabajador autónomo se considere como económicamente dependiente, este deberá reunir la totalidad de las siguientes condiciones:

- No tener a su cargo trabajadores por cuenta ajena ni contratar o subcontratar parte o toda la actividad con terceros, tanto respecto de la actividad contratada con el cliente del que depende económicamente como de las actividades que pudiera contratar con otros clientes.

- No ejecutar su actividad de manera indiferenciada con los trabajadores que presten servicios bajo cualquier modalidad de contratación laboral por cuenta del cliente.

- Disponer de infraestructura productiva y material propios, necesarios para el ejercicio de la actividad e independientes de los de su cliente, cuando en dicha actividad sean relevantes económicamente.

- No ejecutar su actividad de manera indiferenciada con los trabajadores que presten servicios bajo cualquier modalidad de contratación laboral por cuenta del cliente.

- Desarrollar su actividad con criterios organizativos propios, sin perjuicio de las indicaciones técnicas que pudiese recibir de su cliente.

- Percibir una contraprestación económica en función del resultado de su actividad, de acuerdo con lo pactado con el cliente y asumiendo riesgo y ventura de aquella.

El trabajador autónomo que reúna las condiciones anteriormente señaladas podrá solicitar a su cliente la formalización de un contrato de trabajador autónomo económicamente dependiente mediante una comunicación fehaciente. En el supuesto de que el cliente se niegue a la formalización del contrato o cuando transcurrido un mes desde la citada comunicación no se haya formalizado dicho contrato, el trabajador autónomo podrá solicitar que le sea reconocida la condición de trabajador autónomo económicamente dependiente ante los órganos jurisdiccionales del orden social.

Una de las características principales de la forma jurídica que representa el empresario individual es que asume en su propio nombre el conjunto de derechos y obligaciones que se generan como consecuencia del desarrollo de su actividad económica. El empresario individual responde con la totalidad de sus bienes y derechos, tanto presentes como futuros, respecto de las deudas y obligaciones derivadas de su actividad como empresario. Debiendo tenerse presente que, en el caso de que el empresario esté casado, las responsabilidades pueden extenderse al patrimonio de su cónyuge. En el caso de que exista un régimen matrimonial de bienes gananciales, y respecto de los bienes comunes a ambos cónyuges, se requiere el consentimiento de los dos para que queden sujetos a las responsabilidades derivadas de la actividad empresarial.

Dicho consentimiento se entenderá otorgado en el supuesto de que se ejerza la actividad profesional con el conocimiento del otro cónyuge y sin que el mismo se haya opuesto de forma expresa. Por el contrario, para que los bienes privativos del cónyuge del empresario se vean sujetos a estas responsabilidades, será precisa la prestación de un consentimiento expreso por parte del mismo, pudiendo ser revocado tanto este consentimiento expreso como el presunto cuando se desee.

El empresario individual no está obligado a inscribirse en el Registro Mercantil, tal como indica el artículo 81 del Reglamento del Registro Mercantil (RD 1784/1996), sin embargo, en caso de que lo haga y esté casado, deberá hacer constar los siguientes datos, de acuerdo al artículo 92 del citado Reglamento:

- La identidad del cónyuge.

- La fecha y lugar de celebración del matrimonio, y los datos de su inscripción en el Registro Civil.

- El régimen económico del matrimonio legalmente aplicable o el que resulte de capitulaciones otorgadas e inscritas en el Registro Civil.

Frente a la tradicional configuración de la responsabilidad patrimonial universal del empresario individual, la Ley 14/2013, de 27 de septiembre, de apoyo a los emprendedores y su internacionalización ha introducido una nueva figura denominada *emprendedor de responsabilidad limitada* que se define como persona física, cualquiera que sea su actividad, podrá limitar su responsabilidad por las deudas que se deriven del ejercicio de dicha actividad empresarial o profesional mediante la asunción de la condición de *emprendedor de responsabilidad limitada,* una vez cumplidos los requisitos y en los términos establecidos en la Ley 14/2013.

El emprendedor persona física, cualquiera que sea su actividad, podrá limitar su responsabilidad por las deudas que traigan causa del ejercicio de dicha actividad empresarial o profesional mediante la asunción de la condición de *emprendedor de responsabilidad limitada,* una vez cumplidos los requisitos y en los términos establecidos en este capítulo.

Podrá beneficiarse de la limitación de responsabilidad la vivienda habitual del deudor siempre que su valor no supere los 300 000 euros, valorada de acuerdo con lo indicado en la base imponible del impuesto sobre transmisiones patrimoniales y actos jurídicos documentados en el momento de la inscripción en el Registro Mercantil. En el supuesto de viviendas situadas en población de más de un millón de habitantes, se aplicará un coeficiente del 1,5 al valor del párrafo anterior.

En la inscripción del emprendedor en el Registro Mercantil correspondiente a su domicilio se indicará el bien inmueble, propio o común, que se pretende no haya de quedar obligado por las resultas del giro empresarial o profesional, según lo dispuesto por la Ley 14/2013, no pudiendo beneficiarse de la limitación de responsabilidad el deudor que hubiese obrado con fraude o negligencia grave en el cumplimiento de sus obligaciones con terceros, siempre que así quedase acreditado por sentencia firme o en concurso declarado culpable.

La condición de emprendedor de responsabilidad limitada se adquirirá mediante su constancia en la hoja abierta al mismo en el Registro Mercantil correspondiente a su domicilio. Además de las circunstancias ordinarias, la inscripción contendrá una indicación de los activos no afectos y se practicará en la forma y con los requisitos previstos para la inscripción del empresario individual. Será título para inmatricular al emprendedor de responsabilidad limitada el acta notarial que se presentará obligatoriamente por el notario de manera telemática en el mismo día o siguiente hábil al de su autorización en el Registro Mercantil o la instancia suscrita con la firma electrónica reconocida del empresario y remitida telemáticamente a dicho Registro.

Como excepción, debe señalarse que, salvo que los acreedores prestaran su consentimiento de forma expresa, persistirá la responsabilidad universal del deudor por las deudas contraídas con anterioridad a su inmatriculación en el Registro Mercantil como emprendedor individual de responsabilidad limitada.

Para ser oponibles frente a terceros, la no sujeción de la vivienda habitual a las resultas del tráfico empresarial o profesional deberá inscribirse en el Registro de la Propiedad, en la hoja abierta al bien.

El emprendedor de responsabilidad limitada deberá formular y, en su caso, someter a auditoría las cuentas anuales correspondientes a su actividad empresarial o profesional, de conformidad con lo previsto para las sociedades unipersonales de responsabilidad limitada. El emprendedor de responsabilidad limitada deberá depositar sus cuentas anuales en el Registro Mercantil. Transcurridos siete meses desde el cierre del ejercicio social sin que hayan sido depositadas las cuentas anuales en el Registro Mercantil, el emprendedor perderá el beneficio de la limitación de responsabilidad en relación con las deudas contraídas con posterioridad al fin de ese plazo. Recuperará el beneficio en el momento de la presentación.

Otra figura básica que debe conocer la persona que desea iniciar su actividad económica en forma de empresario individual es la del *Trabajador autónomo económicamente dependiente* y que aparece en la Ley 20/2007, de 11 de julio, del Estatuto del Trabajo Autónomo. Los trabajadores autónomos económicamente dependientes son aquellos que realizan una actividad económica o profesional a título lucrativo y de forma habitual, personal, directa y predominante para una persona física o jurídica, denominada cliente, del que dependen económicamente por percibir de él, al menos, el 75 % de sus ingresos por rendimientos de trabajo y de actividades económicas o profesionales.

Para desarrollar la actividad económica o profesional como trabajador autónomo económicamente dependiente, deberán reunirse simultáneamente los siguientes **requisitos**:

- No tener a su cargo trabajadores por cuenta ajena ni contratar o subcontratar parte o toda la actividad con terceros, tanto respecto de la actividad contratada con el cliente del que depende económicamente como de las actividades que pudiese contratar con otros clientes.

  Lo dispuesto en el párrafo anterior, respecto de la prohibición de tener a su cargo trabajadores por cuenta ajena, no será de aplicación en los siguientes supuestos y situaciones, en los que se permitirá la contratación de un único trabajador:

  1. Supuestos de riesgo durante el embarazo y riesgo durante la lactancia natural de un menor de nueve meses.

  2. Periodos de descanso por nacimiento, adopción, guarda con fines de adopción y acogimiento familiar.

3. Por cuidado de menores de siete años que tengan a su cargo.

4. Por tener a su cargo un familiar, por consanguinidad o afinidad hasta el segundo grado inclusive, en situación de dependencia, debidamente acreditada.

5. Por tener a su cargo un familiar, por consanguinidad o afinidad hasta el segundo grado inclusive, con una discapacidad igual o superior al 33 por ciento, debidamente acreditada.

- No desarrollar su actividad de manera indiferenciada con los trabajadores que presten servicios bajo cualquier modalidad de contratación laboral por cuenta del cliente.

- Contar con infraestructura productiva y material propios, precisos para el desarrollo de la actividad e independientes de los de su cliente, cuando en dicha actividad sean relevantes económicamente.

- Llevar a cabo su actividad con criterios organizativos propios, sin perjuicio de las indicaciones técnicas que pudiera recibir por parte de su cliente.

- Recibir una contraprestación económica en función del resultado de su actividad, de acuerdo con lo pactado con el cliente y asumiendo riesgo y ventura de aquella.

Reconocimiento de la condición de trabajador autónomo económicamente dependiente:

- Los titulares de establecimientos o locales comerciales e industriales y de oficinas y despachos que se encuentren abiertos al público y los profesionales que ejerzan su profesión conjuntamente con otros en régimen societario o en cualquier otra forma jurídica no serán, en ningún caso, considerados trabajadores autónomos económicamente dependientes.

- El trabajador autónomo que reúna las condiciones anteriormente señaladas podrá solicitar a su cliente la suscripción de un contrato de trabajador autónomo económicamente dependiente mediante una comunicación fehaciente. En el supuesto de que el cliente se niegue a la formalización del contrato o cuando haya transcurrido un mes desde la comunicación y no se haya formalizado dicho contrato, el trabajador autónomo podrá solicitar el reconocimiento de la condición de trabajador autónomo económicamente dependiente ante los órganos jurisdiccionales del orden social. En el caso de que el órgano jurisdiccional del orden social reconozca la condición de trabajador autónomo económicamente dependiente, el trabajador solo podrá ser considerado como tal desde el momento en que se hubiera recibido por el cliente la comunicación antes citada. El reconocimiento judicial de la condición de trabajador autónomo económicamente dependiente no tendrá ningún efecto sobre la relación contractual entre las partes anterior al momento de dicha comunicación.

Contrato

- El contrato para realizar la actividad profesional del trabajador autónomo económicamente dependiente celebrado entre este y su cliente se formalizará siempre de forma escrita y deberá registrarse en la oficina pública correspondiente. Dicho registro no tendrá carácter público.

- El trabajador autónomo deberá hacer constar de forma expresa en el contrato su condición de dependiente económicamente respecto del cliente que le contrate, así como las modificaciones que se produjeran al respecto. La condición de dependiente solo se podrá ostentar respecto de un único cliente.

- En el caso de un trabajador autónomo que contratase con varios clientes su actividad profesional o la prestación de sus servicios, cuando se produjera una circunstancia sobrevenida del trabajador autónomo, cuya consecuencia derivara en el cumplimiento de las condiciones establecidas en la ley para ser considerado trabajador autónomo dependiente económicamente, se respetará íntegramente el contrato firmado entre ambas partes hasta la extinción del mismo, salvo que estas acordasen su modificación para actualizarlo a las nuevas condiciones que corresponden a un trabajador autónomo económicamente dependiente.

- En los supuestos en que el contrato no se formalice por escrito o no se hubiera fijado una duración o un servicio determinado, se presumirá, salvo prueba en contrario, que el contrato ha sido suscrito por tiempo indefinido.

Acuerdos de interés profesional

- Uno de los aspectos en que los TRADE guardan paralelismos con los trabajadores por cuenta ajena son los acuerdos de interés profesional, que guardan un cierto paralelismo con los convenios colectivos, los cuales pueden ser concertados entre las asociaciones o sindicatos que representen a los trabajadores autónomos económicamente dependientes y las empresas para las que ejecuten su actividad. Podrán establecer las condiciones de modo, tiempo y lugar de ejecución de dicha actividad, así como otras condiciones generales de contratación. En todo caso, los acuerdos de interés profesional observarán los límites y condiciones establecidos en la legislación de defensa de la competencia. Los acuerdos de interés profesional deberán concertarse por escrito.

- Se considerarán nulas y sin efectos las cláusulas de los acuerdos de interés profesional contrarias a disposiciones legales de derecho necesario. Los acuerdos de interés profesional se pactarán al amparo de las disposiciones del Código Civil. La eficacia personal de dichos acuerdos se limitará a las partes firmantes y, en su caso, a los afiliados a las asociaciones de autónomos o sindicatos firmantes que hayan prestado expresamente su consentimiento para ello.

Jornada de la actividad profesional

- El trabajador autónomo económicamente dependiente tendrá derecho a una interrupción de su actividad anual de 18 días hábiles, sin perjuicio de que dicho número pueda ser mejorado mediante contrato entre las partes o mediante acuerdos de interés profesional.

- A través de un contrato individual o acuerdo de interés profesional se concretará el régimen de descanso semanal y el correspondiente a los festivos, la cuantía máxima de la jornada de actividad y, en el caso de que la misma se compute por mes o año, su distribución semanal.

- La realización de actividad por tiempo superior al acordado en contrato será voluntaria en todo caso, no pudiendo exceder del incremento máximo establecido mediante acuerdo de interés profesional. En caso de que no exista un acuerdo de interés profesional, el incremento no podrá exceder del 30 % del tiempo ordinario de actividad individualmente pactado.

- El horario de actividad procurará adaptarse con el objetivo de poder conciliar la vida personal, familiar y profesional del trabajador autónomo económicamente dependiente.

- La trabajadora autónoma económicamente dependiente que sea víctima de la violencia de género tendrá derecho a la adaptación del horario de actividad con el objeto de hacer efectiva su protección o su derecho a la asistencia social integral.

Extinción contractual

La relación contractual entre las partes se extinguirá por alguna de las siguientes circunstancias:

- Mutuo acuerdo de las partes.

- Causas válidamente incluidas en el contrato, salvo que las mismas constituyan abuso de derecho manifiesto.

- Muerte, jubilación o invalidez incompatibles con la actividad profesional, de acuerdo con la legislación de Seguridad Social.

- Desistimiento del trabajador autónomo económicamente dependiente, debiendo en tal caso mediar el preaviso establecido o conforme a los usos y costumbres.

- Voluntad del trabajador autónomo económicamente dependiente, basada en un incumplimiento contractual grave de la contraparte.

- Voluntad del cliente por causa justificada, debiendo mediar el preaviso estipulado o conforme a los usos y costumbres.

- Por decisión de la trabajadora autónoma económicamente dependiente que se vea obligada a extinguir la relación contractual como consecuencia de ser víctima de violencia de género.

- Cualquier otra causa legalmente establecida.

1.3.2. Comunidad de bienes

Hay comunidad cuando la propiedad de una cosa o de un derecho pertenece proindiviso a varias personas. A falta de contratos, o de disposiciones especiales, se regirá la comunidad por las prescripciones del Código Civil.

La comunidad de bienes no tiene una personalidad jurídica diferente de la de los comuneros. Su finalidad es el mantenimiento y aprovechamiento en conjunto de una propiedad común. La comunidad de bienes cuyo objetivo es la explotación de un negocio no necesitará para su constitución ningún tipo de solemnidad, pudiendo constituirse a través de un contrato privado o público, excepto en el supuesto de que se aporten bienes o derechos reales, situación en la cual será necesaria su constitución ante notario.

No se exige un capital mínimo. El número mínimo de comuneros preciso es de dos, no estando fijado ningún número máximo.

Puede adoptarse el nombre que los emprendedores decidan, añadiéndose la expresión *comunidad de bienes* o la abreviatura *C. B.*

En carencia de un pacto expreso, la administración de la comunidad de bienes podrá ser llevada a cabo por cualquiera de los comuneros.

Las pérdidas y ganancias que la comunidad pueda generar se repartirán entre los comuneros en función de lo que haya sido pactado. A falta de pacto, la participación de cada comunero en las pérdidas y ganancias debe ser proporcional a lo que haya aportado.

La responsabilidad patrimonial de los comuneros será ilimitada y personal en relación con las deudas de la comunidad de bienes en el caso de que los bienes o derechos de esta no resulten suficientes.

1.3.3. Sociedad comanditaria

Existen dos tipos de sociedades comanditarias: la comanditaria simple y la comanditaria por acciones. La *simple* se define como una sociedad mercantil de tipo personalista definida por la existencia de socios colectivos que aportan capital y trabajo, los cuales responden de forma subsidiaria, personal y solidaria respecto de las deudas sociales, y de los socios comanditarios que únicamente aportan capital y cuya responsabilidad queda limitada a su aportación al capital de la empresa. La *por acciones* es una sociedad de carácter mercantil cuyo capital social está dividido en acciones. Está constituida por las aportaciones de los socios, de los que, como mínimo, se encargará de desempeñar la administración de la sociedad y responderá en forma personal de las deudas sociales como sociocolectivo, por el contrario, los socios comanditarios no tendrán esa responsabilidad.

Sociedad comanditaria simple

- Su régimen legal se encuentra en los artículos 145 y siguientes del Código de Comercio. No tienen señalado legalmente un capital social mínimo y el número mínimo de socios es dos. Fiscalmente tributan en el impuesto sobre sociedades.

- En la escritura social de la compañía comanditaria constarán las mismas circunstancias que en la colectiva.

- La compañía comanditaria operará bajo el nombre de todos los socios colectivos, de algunos de ellos o de uno solo, debiendo añadirse, en estos dos últimos casos, al nombre o nombres que se expresen, las palabras *y compañía,* y en todos, las de *sociedad comanditaria*. Este nombre colectivo constituirá la razón social, en la que nunca se podrán incluir los nombres de los socios comanditarios.

- Todos los socios colectivos, sean o no gestores de la compañía comanditaria, quedarán obligados personal y solidariamente a las resultas de las operaciones de esta, en los propios términos y con igual extensión que los de la colectiva.

- La responsabilidad de los socios comanditarios por las obligaciones y pérdidas de la compañía quedará limitada a los fondos que pusieran o se obligaran a poner en la comandita, excepto en el caso de que algún comanditario incluyese su nombre o consintiese su inclusión en la razón social. En ese supuesto, dicho comanditario quedará sujeto, respecto a las personas extrañas a la compañía, a las mismas responsabilidades que los gestores, sin adquirir más derechos que los correspondientes a su calidad de comanditario.

- Los socios comanditarios no podrán hacer acto alguno de administración de los intereses de la compañía, ni aun en calidad de apoderado de los socios gestores.

Sociedad comanditaria por acciones

En este caso, el número mínimo de socios son dos, tributan en el impuesto sobre sociedades y el capital social mínimo es de 60 000 euros y deberá estar desembolsado al menos el 25 % en el momento de la constitución, el resto habrá de desembolsarse en el momento que determinen los estatutos de la sociedad. Está regulada por el Real Decreto Legislativo 1/2010, de 2 de julio, por el que se aprueba el texto refundido de la Ley de Sociedades de Capital, en cuyo artículo 252 se expone el régimen de los administradores de la sociedad:

- La administración de la sociedad ha de estar necesariamente a cargo de los socios colectivos, quienes tendrán las facultades, los derechos y deberes de los administradores en la sociedad anónima. El nuevo administrador adquirirá la condición de socio colectivo desde el momento en que acepte el nombramiento.

- La separación del cargo de administrador requerirá la modificación de los estatutos sociales. Si la separación se produce sin causa justa, el socio tendrá derecho a la indemnización de daños y perjuicios.

- El cese del socio colectivo como administrador pone fin a su responsabilidad ilimitada en relación con las deudas sociales que sean contraídas posteriormente a la publicación de su inscripción en el Registro Mercantil.

- En los acuerdos que tengan por objeto la separación de un administrador, el socio afectado deberá abstenerse de participar en la votación.

1.3.4. Sociedad colectiva

Sociedad mercantil de tipo personalista, en la cual, la totalidad de los socios, en nombre colectivo y bajo una razón social, se comprometen a participar, en la proporción que haya sido establecida, de los mismos derechos y obligaciones, respondiendo en forma subsidiaria, personal y solidaria de las deudas sociales.

Se denomina socio capitalista al socio colectivo que aporta *bienes* a la sociedad y socio industrial al que solamente aporta *industria* (trabajo o servicios). El número mínimo de socios es de dos. Fiscalmente tributará por el impuesto sobre sociedades. No existe un mínimo de capital social establecido legalmente.

Es un tipo de sociedad regulada por el Código de Comercio, artículos 125 y siguientes.

La compañía colectiva deberá operar bajo el nombre de todos sus socios, de algunos de ellos o de uno solo, debiendo adicionarse, en estos dos últimos casos, al nombre o nombres que se expresen, las palabras *y Compañía*.

Este nombre colectivo constituirá la razón o firma social, en la que nunca podrá incluirse el nombre de ninguna persona que no pertenezca de presente a la compañía.

Derechos y obligaciones de los socios:

El régimen de los socios en una sociedad colectiva se diferencia claramente del que resulta aplicable en una sociedad anónima o de responsabilidad limitada. Las principales características son las siguientes:

- Los que, no perteneciendo a la compañía, incluyan su nombre en la razón social, quedarán sujetos a responsabilidad solidaria, sin perjuicio de la penal, si procediese la misma.

- Todos los socios que formen la compañía colectiva, sean o no gestores de la misma, estarán obligados personal y solidariamente, con la totalidad de sus bienes, a las resultas de las operaciones que se hagan a nombre y por cuenta de la compañía, bajo la firma de esta y por persona autorizada para usarla.

- Si la administración de las compañías colectivas no hubiese sido limitada por un acto especial a alguno de los socios, todos tendrán la facultad de concurrir a la dirección y manejo de los negocios comunes, y los socios presentes se pondrán de acuerdo para cualquier contrato u obligación que resulte de interés para la sociedad.

- Contra la voluntad de uno de los socios administradores que la exponga de manera expresa no deberá contraerse ninguna obligación nueva; pero si se llegase a contraer, no se anulará por esta causa y producirá sus efectos, sin perjuicio de que el socio o socios que la contrajesen respondan a la masa social del quebranto que produjesen.

La escritura social de la compañía colectiva deberá expresar:

- El nombre, apellido y domicilio de los socios.

- La razón social.

- El nombre y apellido de los socios a quienes se encomiende la gestión de la compañía y el uso de la firma social.

- El capital que cada socio aporte en dinero efectivo, créditos o efectos, con expresión del valor que se dé a estos o de las bases sobre que haya de hacerse el avalúo.

- La duración de la compañía.

- Las cantidades que, en su caso, se asignen a cada socio gestor anualmente para sus gastos particulares.

- Se podrán también consignar en la escritura todos los demás pactos lícitos y condiciones especiales que los socios quieran establecer.

El socio industrial no podrá encargarse de ningún tipo de negociación, salvo si la compañía se lo permitiera expresamente; y, en caso de verificarlo, quedará al arbitrio de los socios capitalistas excluirlo de la compañía, privándolo de los beneficios que le correspondan en ella, o aprovecharse de los que hubiese obtenido contraviniendo a esta disposición.

No habiendo sido determinado en el contrato de compañía la parte correspondiente a cada socio en las ganancias, se dividirán estas a prorrata de la porción de interés que cada cual tuviese en la compañía, figurando en la distribución los socios industriales, si los hubiese, en la clase del socio capitalista de menor participación.

Las pérdidas se imputarán en la misma proporción entre los socios capitalistas, sin comprender a los industriales, a menos que por pacto expreso se hubiesen estos constituido partícipes en ellas.

Ningún socio podrá transmitir a otra persona el interés que tenga en la compañía, ni sustituirla en su lugar para que desarrolle los trabajos que a él le correspondiesen en la administración social, sin que preceda el consentimiento de los socios.

1.3.5. Sociedad cooperativa

La cooperativa es una sociedad constituida por personas que se asocian, en régimen de libre adhesión y baja voluntaria, para desarrollar actividades empresariales, dirigidas a satisfacer sus necesidades y aspiraciones económicas y sociales, con una estructura y funcionamiento democrático, de acuerdo con los principios formulados por la alianza cooperativa internacional, en los términos resultantes de la Ley 27/1999, de 16 de julio, de Cooperativas. Debe señalarse que el derecho sobre el cooperativismo se encuentra en el ámbito legislativo de las comunidades autónomas, por lo que la citada ley será solo de aplicación a las sociedades cooperativas que desarrollen su actividad cooperativizada en el territorio de varias comunidades autónomas, excepto cuando en una de ellas se desarrolle con carácter principal, así como a las sociedades cooperativas que realicen principalmente su actividad cooperativizada en las ciudades de Ceuta y Melilla. Por tanto, en el caso de que sea de aplicación la legislación autonómica, deberá consultarse la concreta norma de aplicación en el ámbito territorial específico en que la sociedad cooperativa desarrolla su actividad.

Cualquier actividad económica lícita podrá ser organizada y desarrollada mediante una sociedad constituida al amparo de la Ley de Cooperativas.

La denominación de la sociedad incluirá necesariamente las palabras *sociedad cooperativa* o su abreviatura *S. Coop.* Esta denominación será exclusiva. Las sociedades cooperativas podrán revestir la forma de cooperativa de primer y segundo grado, de acuerdo con las especificidades previstas en esta ley. Las cooperativas de trabajo asociado pueden optar por el régimen de la Seguridad Social en el que se inscribirán sus socios trabajadores, eligiendo entre el Régimen General y el Régimen Especial de los Trabajadores por Cuenta Propia o Autónomos. La opción elegida deberá quedar reflejada en los estatutos de la cooperativa.

Las cooperativas pueden ser de primer grado, cuando sus socios son personas físicas o jurídicas, y de segundo o ulterior grado cuando están constituidas por dos o más cooperativas de la misma o distinta clase.

A su vez, las cooperativas de primer grado se clasifican en:

- Cooperativas de trabajo asociado.
- Cooperativas de consumidores y usuarios.
- Cooperativas de viviendas.
- Cooperativas agrarias.
- Cooperativas de explotación comunitaria de la tierra.
- Cooperativas de servicios.
- Cooperativas del mar.
- Cooperativas de transportistas.
- Cooperativas de seguros.

- Cooperativas sanitarias.
- Cooperativas de enseñanza.
- Cooperativas de crédito.

El número de socios fundadores ha de ser, como mínimo, tres en las cooperativas de primer grado y dos en las de segundo o ulterior grado. Las aportaciones obligatorias deberán desembolsarse, al menos, en un 25 % en el momento de la suscripción y el resto en el plazo que se establezca por los estatutos o por la Asamblea General. La responsabilidad de los socios por las deudas sociales estará limitada a las aportaciones al capital social suscrito, estén o no desembolsadas en su totalidad. Las sociedades cooperativas tributan en el impuesto sobre sociedades con una serie de incentivos respecto del régimen general.

Las sociedades cooperativas fiscalmente protegidas se clasificarán en dos grupos:

- Cooperativas protegidas: las que se ajusten a los principios y disposiciones de la Ley 27/1999 de Cooperativas o de las leyes de cooperativas de las comunidades autónomas.
- Cooperativas especialmente protegidas:
  - Cooperativas de trabajo asociado.
  - Cooperativas agrarias.
  - Cooperativas de explotación comunitaria de la tierra.
  - Cooperativas del mar.
  - Cooperativas de consumidores y usuarios.

Órganos de administración

- Asamblea general: integrada por los socios y, en su caso, por los asociados para debatir y adoptar acuerdos como órgano supremo de decisión.

  Tipos:
  - Ordinaria: su función es examinar la gestión social, proceder a la aprobación de las cuentas anuales, aprobar la imputación del excedente y determinar la actuación general de la cooperativa.
  - Extraordinaria: el resto de las funciones.
  - Consejo rector: órgano responsable de la gestión, el gobierno y la representación de la cooperativa. Estará formado como mínimo por tres miembros que sean socios, pudiendo nombrar un director.

- Comité de recursos: se trata de un órgano que únicamente existirá en las cooperativas de primer grado cuando así esté previsto en los estatutos. Sus funciones son tramitar y resolver los recursos que se presenten contra las sanciones impuestas a los socios.

- Interventores: su cometido es la censura de las cuentas anuales. Serán entre uno y tres socios que sean personas físicas.

- Consejo rector: órgano colegiado entre cuyas competencias se encuentra la dirección, gestión, supervisión de los cargos de dirección y representar a la sociedad cooperativa.

  En las cooperativas cuyo número de socios sea inferior a diez, los estatutos podrán establecer la existencia de un administrador único, que desempeñará las funciones del consejo rector.

  El número de consejeros del consejo rector se encontrará entre tres y quince, debiendo ser nombrados, en todo caso, un presidente, un vicepresidente y un secretario.

  Cuando la cooperativa tenga tres socios, el consejo rector estará exclusivamente constituido por dos miembros, no existiendo el cargo de vicepresidente.

- Administrador único: cuando la sociedad cooperativa tenga un número de socios inferior a diez, se establece el cargo de administrador único, cuyas funciones son las siguientes:
  - La alta dirección, la supervisión del personal de dirección y representar a la sociedad cooperativa respecto de todos los actos relacionados con las actividades que integren el objeto social de la cooperativa, de acuerdo con la ley, los estatutos y los criterios determinados por la Asamblea General.
  - Las facultades no reservadas por la legislación o por los estatutos a otros órganos sociales y, en su caso, determinar la modificación de los estatutos de la cooperativa cuando consista en la modificación del domicilio social dentro de idéntico término municipal.
  - Otorgar poderes, así como revocarlos, a cualquier persona, cuyas facultades representativas de gestión o dirección se establecerán en la escritura de poder, y, particularmente, el nombramiento y revocación del gerente, director general o cargo equivalente, como apoderado principal de la cooperativa.

    La elección del administrador se llevará a cabo por parte de la Asamblea General mediante votación secreta por mayoría y por un periodo de tres años, siendo admitida su reelección. La Asamblea General es también competente para acordar su cese.

1.3.6. Sociedad limitada

Sociedad mercantil —con personalidad jurídica propia—, con independencia de la naturaleza de su objeto social, en la que el capital social, que estará dividido en participaciones sociales, indivisibles y acumulables, se integrará por las aportaciones de todos los socios, quienes no responderán personalmente de las deudas sociales, limitándose su responsabilidad a las cantidades aportadas como capital social. Se rige por las disposiciones recogidas en el Real Decreto Legislativo 1/2010, de 2 de julio, por el que se aprueba el texto refundido de la Ley de Sociedades de Capital.

El capital de la sociedad de responsabilidad limitada no podrá ser inferior a un euro y se expresará precisamente en esa moneda. Mientras el capital de las sociedades de responsabilidad limitada no alcance la cifra de tres mil euros, se aplicarán las siguientes reglas: deberá destinarse a la reserva legal una cifra al menos igual al 20 por ciento del beneficio hasta que dicha reserva junto con el capital social alcance el importe de tres mil euros. En caso de liquidación, voluntaria o forzosa, si el patrimonio de la sociedad fuera insuficiente para atender el pago de las obligaciones sociales, los socios responderán solidariamente de la diferencia entre el importe de tres mil euros y la cifra del capital suscrito.

Las partes en las cuales se divide el mismo se denominan participaciones, debiendo estar desembolsado íntegramente desde el momento de la constitución de la sociedad y no pudiendo incorporarse a títulos negociables. El mismo habrá de estar íntegramente suscrito y desembolsado en el momento de la constitución. Solo podrán constituir la aportación social los bienes o derechos patrimoniales susceptibles de valoración económica, en ningún caso trabajo o servicios. Las participaciones sociales no tendrán la naturaleza de valores, no pudiendo estar representadas mediante títulos o de anotaciones en cuenta, ni ser denominadas acciones, su transmisión deberá llevarse a cabo mediante documento público.

En su denominación habrá de aparecer obligatoriamente la indicación *sociedad de responsabilidad limitada, sociedad limitada* o las abreviaturas *S. R. L.* o *S. L.* Dicha denominación se obtendrá por medio del Registro Mercantil, no pudiendo emplear una que sea idéntica a la utilizada por otra sociedad anteriormente existente.

Estructura social

- Junta general de socios:

  Órgano soberano y deliberante que expresa en sus acuerdos la voluntad social y cuya competencia se refiere a las siguientes materias:

  - Censura de la gestión de la sociedad, aprobación de cuentas anuales y aplicación del resultado.

  - Nombramiento y separación de los administradores, liquidadores y, en su caso, de auditores de cuentas.

  - Modificación de los estatutos de la sociedad.

  - Aumento o reducción del capital social.

  - Transformación, fusión y escisión o disolución de la sociedad.

- Administradores:

  Órgano responsable de gestionar la sociedad y representarla, es un órgano unipersonal o pluripersonal (solidaria o mancomunada), y no es necesario que sea socio de la empresa para ostentar el puesto.

  La competencia para el nombramiento de los administradores aparecerá en la escritura de constitución o, con posterioridad, corresponderá exclusivamente a la junta general.

El número de socios mínimo será uno, en cuyo caso, se tratará de una sociedad limitada unipersonal. La sociedad limitada tributará en el impuesto sobre sociedades. Respecto a la responsabilidad legal de los administradores, así como del contenido de los estatutos sociales, se da por reproducido lo expuesto para la sociedad anónima.

1.3.7. Sociedad anónima

Sociedad mercantil en la que el capital social, que se encuentra dividido en acciones, está integrado por las aportaciones de los socios, los cuales no responden de forma personal por las deudas de la sociedad. Se rige por lo dispuesto en el Real Decreto Legislativo 1/2010, de 2 de julio, por el que se aprueba el texto refundido de la Ley de Sociedades de Capital.

Para su válida constitución, requiere la formalización a través de escritura pública y su posterior inscripción en el Registro Mercantil. En su denominación habrá de constar necesariamente la expresión *sociedad anónima* o su abreviatura *S. A.*

En los estatutos que han de regir el funcionamiento de las sociedades de capital se hará constar:

- La denominación de la sociedad.

- El objeto social, determinando las actividades que lo integran.

- El domicilio social.

- El capital social, las participaciones o las acciones en que se divida, su valor nominal y su numeración correlativa. En el caso de las sociedades de responsabilidad limitada en régimen de formación sucesiva, en tanto la cifra de capital sea inferior al mínimo fijado en el artículo 4 de la Ley de Sociedades de Capital, los estatutos contendrán una expresa declaración de sujeción de la sociedad a dicho régimen. Los registradores mercantiles harán constar, de oficio, esta circunstancia en las notas de despacho de cualquier documento inscribible relativo a la sociedad, así como en las certificaciones que expidan.

  Si la sociedad fuera de responsabilidad limitada, expresará el número de participaciones en que se divida el capital social, el valor nominal de las mismas, su numeración correlativa y, si fueran desiguales, los derechos que cada una atribuya a los socios y la cuantía o la extensión de estos.

  Si la sociedad fuera anónima, expresará las clases de acciones y las series, en caso de que existieran; la parte del valor nominal pendiente de desembolso, así como la forma y el plazo máximo en que satisfacerlo; y si las acciones están representadas por medio de títulos o de anotaciones en cuenta. En caso de que se representen por medio de títulos, deberá indicarse si son las acciones nominativas o al portador y si se prevé la emisión de títulos múltiples.

- El modo o modos de organizar la administración de la sociedad, el número de administradores o, al menos, el número máximo y el mínimo, así como el plazo de duración del cargo y el sistema de retribución, si lo tuviesen.

  En las sociedades comanditarias por acciones se expresará, además, la identidad de los socios colectivos.

- El modo de deliberar y adoptar sus acuerdos los órganos colegiados de la sociedad.

Estructura social

- Junta general de accionistas:

  Es la reunión del conjunto de accionistas, convocada de acuerdo a los requisitos legalmente establecidos, que delibera y toma debidamente convocados para deliberar y decidir por mayoría sobre determinados asuntos sociales de su competencia.

Tipos de juntas:

— Junta general ordinaria: se reúne de acuerdo a lo señalado en los estatutos sociales y, en todo caso, dentro de los seis primeros meses de cada ejercicio, para aprobar o censurar la gestión social, aprobar las cuentas del ejercicio anterior y resolver sobre la aplicación del resultado.

— Junta extraordinaria: que deberá ser convocada por los administradores, cuando lo estimen conveniente para los intereses sociales o cuando lo solicite un número de socios titular de, al menos, un 5 % del capital social.

— Junta universal: se celebra de forma espontánea, para su válida constitución requiere el acuerdo de la totalidad de los asistentes, así como la presencia de la totalidad del capital social desembolsado.

La convocatoria se realizará mediante la publicación de un anuncio en el Boletín Oficial del Registro Mercantil, así como en uno de los diarios de mayor circulación en la provincia con quince días de antelación a la fecha establecida para celebrar la junta.

- Administradores:

Órgano ejecutivo encargado de la gestión permanente de la sociedad, de llevar a cabo la ejecución de la voluntad de la sociedad expresada en la junta general, así como representar a la misma en sus relaciones con terceros.

Facultades y deberes de los administradores:

— Convocar las juntas generales de accionistas.

— Informar a los accionistas.

— Formular, así como firmar las cuentas anuales y redactar el informe de gestión.

— Depositar las cuentas anuales en el Registro Mercantil.

Los administradores pueden ser personas físicas o jurídicas y, a menos que los estatutos dispongan lo contrario, no se requiere que sean accionistas. Los administradores pueden ser tanto unipersonales como pluripersonales, y, en este último caso, cabe que adopten los acuerdos de forma colegiada, mancomunada o solidaria.

El número de socios mínimo es de uno, en cuyo caso se denomina sociedad anónima unipersonal (S. A. U.). El capital social, constituido por las aportaciones realizadas por los socios, no podrá ser inferior a 60 000 euros (dividido en partes alícuotas del mismo valor nominal y con similares derechos económicos y políticos, denominados *acciones*) y habrá de estar totalmente suscrito en el momento en que se constituye la sociedad y desembolsado en un 25 % al menos. Las acciones pueden ser *al portador,* en cuyo caso no se menciona en la misma a su propietario, siendo el titular de las estas el último tenedor legítimo de las acciones o bien *nominativas,* cuando en el título aparece el nombre del titular.

Fiscalmente, tributa en el impuesto sobre sociedades (un tributo de carácter directo y naturaleza personal que grava la renta de las sociedades y demás entidades jurídicas de acuerdo con las normas legales establecidas).

La responsabilidad patrimonial de los socios se limita al capital aportado. Respecto de la responsabilidad de los administradores, la Ley de Sociedades de Capital de 2010 señala que los administradores de derecho o de hecho como tales, responderán frente a la sociedad, frente a los socios y frente a los acreedores sociales, del daño que causen por actos u omisiones contrarios a la ley o a los estatutos o por los realizados incumpliendo los deberes inherentes al desempeño del cargo. En ningún caso eximirá de responsabilidad el hecho de que el acto o acuerdo lesivo haya sido adoptado, autorizado o ratificado por la junta general.

Todos los miembros del órgano de administración que hubiera adoptado el acuerdo o realizado el acto lesivo responderán solidariamente, salvo los que prueben que, no habiendo intervenido en su adopción y ejecución, desconocían su existencia o, conociéndola, hicieron todo lo adecuado para evitar el daño o, por lo menos, se opusieron expresamente a aquel.

La acción de responsabilidad contra los administradores se entablará por la sociedad, previo acuerdo de la junta general, que puede ser adoptado a petición de cualquier socio, aunque no esté incluido en el orden del día. Los estatutos no podrán establecer una mayoría distinta a la ordinaria para la adopción de este acuerdo.

En cualquier momento, la junta general podrá transigir o renunciar al ejercicio de la acción, siempre que no se opusieran a ello socios que representen el 5 % del capital social. El acuerdo de promover la acción o de transigir determinará la destitución de los administradores afectados.

Los socios que representen, al menos, el 5 % del capital social, podrán solicitar la convocatoria de la junta general para que esta decida acerca del ejercicio de la acción de responsabilidad. Los acreedores de la sociedad podrán ejercitar la acción social de responsabilidad contra los administradores cuando no haya sido ejercitada por la sociedad o sus socios, siempre que el patrimonio social resulte insuficiente para la satisfacción de sus créditos. Quedan a salvo las acciones de indemnización que puedan corresponder a los socios y a los terceros por actos de administradores que lesionen directamente los intereses de aquellos.

1.3.8. Sociedad laboral

Las sociedades anónimas o de responsabilidad limitada en las que la mayoría del capital social sea propiedad de trabajadores que desempeñen en ellas servicios retribuidos en forma personal y directa, cuya relación laboral tenga el carácter de indefinido, podrán obtener la calificación de *sociedad laboral* cuando concurran los requisitos establecidos en la Ley 4/1997, de 24 de marzo, de sociedades laborales. Dicha norma es la que rige a este tipo de sociedades, y en lo no dispuesto en la misma, se aplicarán las disposiciones del Real Decreto Legislativo 1/2010, de 2 de julio, por el que se aprueba el texto refundido de la Ley de Sociedades de Capital. Como regla general, se integrarán en el Régimen General de la Seguridad Social los socios trabajadores de sociedades laborales, aunque formen parte del órgano de administración de la sociedad.

El número de horas-año trabajadas por los trabajadores contratados por tiempo indefinido que no tengan la condición de socios no podrá ser superior al 15 % del total de horas-año trabajadas por los socios trabajadores. Si la sociedad tuviera menos de veinticinco socios trabajadores, el citado porcentaje no podrá superar el 25 % del total de horas-año trabajadas por los socios trabajadores. Para calcular estos porcentajes no se tendrán en cuenta los trabajadores con contrato de duración determinada y los trabajadores con discapacidad psíquica en grado igual o superior al 33 % con contrato indefinido.

En el caso de que se superasen los límites anteriormente indicados, la sociedad, en el plazo máximo de tres años, habrá de alcanzarlos, reduciendo, como mínimo, cada año una tercera parte del porcentaje en que inicialmente se exceda o supere el máximo legal.

La superación de límites deberá ser comunicada al Registro de Sociedades Laborales, para su autorización por el órgano competente, según las condiciones y requisitos que se establecerán reglamentariamente.

En la denominación de la sociedad habrá de constar la indicación *Sociedad Anónima Laboral* o *Sociedad de Responsabilidad Limitada Laboral,* o sus abreviaturas

S. A. L. o *S. L. L.* El adjetivo *laboral* no podrá incluirse en la denominación por sociedades que no hayan obtenido la calificación de *sociedad laboral.* La responsabilidad de los socios se limita al capital aportado, siendo el importe mínimo de 3000 euros en el caso de las S. L. L. y de 60 000 en el supuesto de las S. A. L.

La denominación de laboral debe aparecer en toda su documentación, correspondencia, notas de pedido y facturas, así como en todos los anuncios que haya de publicar por disposición legal o estatutaria.

El capital social estará dividido en acciones nominativas o en participaciones sociales. En el caso de *sociedad anónima laboral,* el desembolso de los dividendos pasivos deberá efectuarse dentro del plazo que señalen los estatutos sociales.

- No será válida la creación de acciones de clase laboral privadas del derecho de voto.

- Ninguno de los socios podrá poseer acciones o participaciones sociales que representen más de la tercera parte del capital social, salvo que se trate de sociedades laborales participadas por el Estado, las comunidades autónomas, las entidades locales o las sociedades públicas participadas por cualquiera de tales instituciones, en cuyo caso la participación de las entidades públicas podrá superar dicho límite, sin alcanzar el 50 % del capital social. Igual porcentaje podrán ostentar las asociaciones u otras entidades sin ánimo de lucro.

En los supuestos de transgresión de los límites que se indican, la sociedad estará obligada a acomodar a la ley la situación de sus socios respecto al capital social, en el plazo de un año a contar del primer incumplimiento de cualquiera de aquellos.

Clases de acciones y de participaciones

- Las acciones y participaciones de las sociedades laborales se clasificarán en dos grupos: las que sean propiedad de los trabajadores cuya relación laboral lo sea por tiempo indefinido y las restantes. La primera clase se denominará *clase laboral* y la segunda, *clase general*.

- En el supuesto de la *sociedad anónima laboral,* las acciones estarán representadas necesariamente a través de títulos, individuales o múltiples, numerados correlativamente, en los que, además de las menciones exigidas con carácter general, se indicará la clase a la que pertenezcan.

- Los trabajadores, sean o no socios, con contrato por tiempo indefinido que adquieran por cualquier título acciones o participaciones sociales, pertenecientes a la *clase general* tienen derecho a exigir de la sociedad la inclusión de las mismas en la *clase laboral,* siempre que se acrediten a tal efecto las condiciones que la ley exige.

- Los administradores, sin que sea preciso un acuerdo de la junta general, procederán a formalizar tal cambio de clase y modificar el artículo o artículos de los estatutos a los que ello afecte, otorgando la pertinente escritura pública que se inscribirá en el Registro Mercantil.

Beneficios fiscales

Tributan en el impuesto sobre sociedades. Las sociedades laborales que reúnan los requisitos establecidos en la ley contarán con los siguientes en el impuesto sobre transmisiones patrimoniales y actos jurídicos documentados:

- Exención de las cuotas devengadas por las operaciones societarias de constitución y aumento de capital y de las que se originen por la transformación de sociedades anónimas laborales ya existentes en sociedades laborales de responsabilidad limitada, así como por la adaptación de las sociedades anónimas laborales ya existentes a los preceptos de la Ley 4/1997, de 24 de marzo, de Sociedades Laborales.

- Bonificación del 99 % de las cuotas que se devenguen por modalidad de transmisiones patrimoniales onerosas, por la adquisición, por cualquier medio admitido en derecho, de bienes y derechos provenientes de la empresa de la que proceda la mayoría de los socios trabajadores de la sociedad laboral.

- Bonificación del 99 % de la cuota que se devengue por la modalidad gradual de actos jurídicos documentados, por la escritura notarial que documente la transformación bien de otra sociedad en sociedad anónima laboral o sociedad limitada laboral o entre estas.

- Bonificación del 99 % de las cuotas que se devenguen por la modalidad gradual de actos jurídicos documentados, por las escrituras notariales que documenten la constitución de préstamos, incluidos los representados por obligaciones o bonos siempre que el importe se destine a la realización de inversiones en activos fijos necesarios para el desarrollo del objeto social.

Transmisión de las participaciones

La transmisión *inter vivos* de acciones o participaciones de la *clase laboral* a una persona que no tenga la condición de trabajador de la sociedad mediante un contrato indefinido, está sometida a un régimen de tanteo o adquisición preferente, de acuerdo con los requisitos y límites señalados en la ley que favorece el incremento del número de socios que ostenten la condición de trabajadores en beneficio de los trabajadores no socios.

El derecho de adquisición preferente se desarrolla en el siguiente orden:

- Trabajadores no socios con contrato indefinido.

- Trabajadores socios.

- Titulares de acciones o participaciones de la *clase general* y, en su caso, resto de trabajadores que carezcan de un contrato por tiempo indefinido.

- La propia sociedad.

Si nadie ejercitase el derecho de adquisición preferente, las participaciones podrán ser transferidas libremente.

El mismo procedimiento será de aplicación para la transmisión de acciones o participaciones *inter vivos* de la *clase general* a personas que no tengan la condición de socio trabajador.

La transmisión *mortis causa* de acciones o participaciones se regirá por las siguientes normas:

- El heredero o legatario del fallecido adquiere la condición de socio.

- En los estatutos de la sociedad puede implantarse un derecho de adquisición preferente sobre las acciones o participaciones de la *clase laboral,* de acuerdo al mismo procedimiento que se haya señalado para las transmisiones *inter vivos.*

- El derecho estatutario de adquisición preferente no podrá ser ejercido en el supuesto de que el heredero o legatario fuera trabajador de la sociedad con contrato por tiempo indefinido.

Ventajas e inconvenientes de cada forma

Elegir la adecuada forma jurídica que más se ajuste a los intereses particulares de cada emprendedor o grupo de emprendedores requiere considerar una serie de factores, que se especifican a continuación.

- Establecimiento de un capital social mínimo: la exigencia de un capital social mínimo de 60 000 euros para las sociedades anónimas, sociedades anónimas laborales y sociedades comanditarias por acciones; y de 3000 euros para las sociedades limitadas y sociedades limitadas laborales, puede implicar que se escoja una u otra forma jurídica. Especialmente, cuando la financiación es limitada, dichos preceptos pueden suponer la imposibilidad de adoptar algunas formas en concreto.

- Responsabilidad de los emprendedores: es básico determinar si se desea limitar la responsabilidad patrimonial de las personas que emprenden un negocio al capital desembolsado en el mismo o, por el contrario, se asume la posibilidad de que el patrimonio personal pueda llegar a responder de las obligaciones derivadas de la actividad empresarial.

- Capacidad de actuación del emprendedor: si el emprendedor desea tener un control total de su actividad empresarial, la forma jurídica más adecuada sería la del empresario individual o una sociedad unipersonal.

- Modificación de la composición social de la empresa: en tanto se tenga prevista la ampliación del número de personas que poseen participación en el capital social de la empresa o la alteración de las identidades de los socios, una sociedad anónima ordinaria, por ejemplo, sería mucho más adecuada que una sociedad laboral.

- Actividad que desarrollar: algunas actividades requieren concretas formas jurídicas para su ejercicio, por ejemplo, bancos y compañías de seguros han de actuar bajo la forma de sociedad anónima.

- Número de personas que participan: cuando existen varios emprendedores detrás de un proyecto, se considera más adecuada la figura societaria, debido a las posibilidades organizativas que las mismas ofrecen. No obstante, también es posible emplear la forma de la sociedad unipersonal como modo de limitar la responsabilidad patrimonial. Si los socios son, simultáneamente, trabajadores de la empresa, pueden ser de interés las formas jurídicas de economía social.

- Complejidad de la tramitación: es un criterio secundario, pero es evidente que los trámites para establecerse como empresario individual son mucho más sencillos que los requeridos para crear una sociedad cooperativa, por ejemplo.

- Fiscalidad y normativa laboral: la alternativa entre tributar en el impuesto sobre la renta de las personas físicas o en el impuesto sobre sociedades, así como la obtención de bonificaciones fiscales para algún tipo de sociedad mercantil son criterios que se deben considerar. En otro sentido, las opciones de incluirse en el Régimen General de la Seguridad Social o en el Régimen Especial de Trabajadores Autónomos han de ser consideradas con carácter previo a la elección de la forma jurídica de la empresa.

- Subvenciones: algunas formas jurídicas, por ejemplo, las sociedades laborales, cuentan con subvenciones específicamente dirigidas para el fomento de su actividad.

1.4. Elaboración y análisis de los documentos de constitución y funcionamiento de las distintas formas jurídicas empresariales

1.4.1. Trámites de constitución

Cada modalidad de forma jurídica a la que puede optar el emprendedor implica una distinta serie de trámites de constitución, con una mayor o menor complejidad y, en ocasiones, especialmente complejos, como es el caso de las empresas de economía social. En el otro extremo, el profesional autónomo representa el modelo más sencillo de constitución. Si bien habitualmente no es un criterio decisivo para optar por la forma jurídica a adoptar, debe tenerse en cuenta el conjunto de trámites de constitución requeridos como uno de los aspectos que considerar a la hora de determinar la estructura jurídica que más se adapta a las necesidades concretas de los emprendedores.

Existe una serie de trámites comunes a todo tipo de forma jurídica, y que son los siguientes:

- Agencia Estatal de Administración Tributaria: los trámites ante la AEAT se recogen en el epígrafe 1.8 del manual.

- Tesorería General de la Seguridad Social:

  – Inscripción del empresario a la Seguridad Social: la inscripción es el acto administrativo mediante el que la Tesorería General de la Seguridad Social asigna al empresario un número para su identificación y control de sus obligaciones en el respectivo Régimen del Sistema de la Seguridad Social. Dicho número es considerado como primero y principal Código de Cuenta de Cotización.

    Al Código de Cuenta de Cotización Principal se vincularán todos aquellos otros que puedan asignársele a un empresario. El empresario habrá de solicitar un Código de Cuenta de Cotización en cada una de las provincias donde desarrolle su actividad económica, así como en ciertos casos en que sea preciso identificar colectivos de trabajadores con peculiaridades de cotización.

  – Afiliación e inscripción de los trabajadores a la Seguridad Social: los empresarios estarán obligados a solicitar la afiliación al sistema de la Seguridad Social de los trabajadores que ingresen a su servicio (en el supuesto de que no lo estuviesen con anterioridad), así como a comunicar dicho ingreso y, en su caso, el cese en la empresa de tales trabajadores para que sean dados, respectivamente, de alta y de baja en el Régimen

General. En el caso de que el empresario incumpla las obligaciones que le impone el apartado anterior, el trabajador podrá instar su afiliación, alta o baja, directamente al organismo competente de la Administración de la Seguridad Social. El reconocimiento del derecho al alta y a la baja en el Régimen General corresponderá al organismo de la Administración de la Seguridad Social que reglamentariamente se establezca.

— Obtención del calendario laboral: que debe exhibirse en las instalaciones de la empresa, siempre que existan trabajadores contratados, igualmente puede obtenerse en la sede electrónica de la Seguridad Social.

- Consejería de Empleo de la comunidad autónoma: en el caso de que se contraten trabajadores, habrá de comunicarse a este órgano la apertura del centro de trabajo (cualquier área, edificada o no, en la que los trabajadores deban permanecer o a la que deban acceder por razón de su trabajo), para que se pueda proceder al control del mismo. Constituida la sociedad o decidida por el empresario la iniciación de su actividad, se deberá proceder a la comunicación de apertura del centro de trabajo, a efectos del control de las condiciones de seguridad y salud laboral.

- Servicio Público de Empleo Estatal: el empresario debe dar de alta los contratos de trabajo de sus empleados.

- Ayuntamiento:

  - Licencia de actividades e instalaciones y obras: para comenzar el inicio del ejercicio de una actividad en un local (comercial, nave industrial, vivienda propia, oficina, cantera, etc.) es preciso obtener una licencia urbanística competencia del ayuntamiento en que el local esté ubicado.

  - Licencia de funcionamiento: asegura el cumplimiento de la normativa relativa a materias tales como medio ambiente, urbanismo y seguridad en los locales en que va a ser ejercida la actividad. Debe obtener esta licencia toda instalación para la que haya sido concedida licencia de actividades, instalaciones y obras y, con requisitos especiales, las que sean consideradas como molestas, insalubres, nocivas y peligrosas o entren en el ámbito de aplicación de determinadas normas sectoriales, tanto estatales como autonómicas.

- Inspección de Trabajo: la Autoridad Central de la Inspección de Trabajo y Seguridad Social pondrá a disposición de las empresas, de oficio y sin necesidad de solicitud de alta, un Libro de Visitas electrónico por cada uno de sus centros de trabajo, en el que los funcionarios actuantes, con ocasión de cada visita a los centros de trabajo o comprobación por comparecencia del sujeto inspeccionado en dependencias públicas que realicen, extenderán diligencia sobre tal actuación, modificación incluida por la Ley 14/2013, de 27 de septiembre, de apoyo a los emprendedores y su internacionalización.

- Agencia Estatal de Protección de Datos: si la empresa va a utilizar datos de carácter personal en el desarrollo de su actividad económica, la misma se convierte en responsable de los ficheros a los que los mismos se encuentren incorporados, deberá inscribir dichos registros en el Registro General de Protección de Datos.

- Oficina Española de Patentes y Marcas: se debe acudir a este organismo si se desea obtener protección legal de una marca o un nombre comercial. Si desea tener protección jurídica de su marca o nombre comercial, es necesario registrarla en la Oficina Española de Patentes y Marcas.

- Obtención de un certificado electrónico: tiene como misión validar y certificar que una firma electrónica se corresponde con una persona o entidad concreta, se obtiene ante la correspondiente autoridad de certificación.

- Registro Mercantil Central: es aquel organismo público, con sede en Madrid, encargado de publicar para todo el Estado la información recibida de los Registros Mercantiles territoriales además de ejercer otras funciones de interés general.

Inscripción: las sociedades y el empresario individual naviero han de inscribirse en el Registro Mercantil, siendo dicha inscripción un acto voluntario para el resto de empresarios individuales.

En el caso de empresario individual, en la hoja abierta a cada empresario individual se inscribirán:

- La identificación del empresario y su empresa, que necesariamente será la inscripción primera.

- Los poderes generales, así como su modificación, revocación y sustitución. No será obligatoria la inscripción de los poderes generales para pleitos o de los concedidos para la realización de actos concretos.

- La apertura, cierre y demás actos y circunstancias relativos a las sucursales.

- Las declaraciones judiciales que modifiquen la capacidad del empresario individual.

- El nombramiento para suplir, por causa de incapacidad o incompatibilidad, a quien ostente la guarda o representación legal del empresario individual, si su mención no figurase en la inscripción primera del mismo.

– Las capitulaciones matrimoniales, el consentimiento, la oposición y revocación a que se refieren el Código de Comercio y las resoluciones judiciales dictadas en causa de divorcio, separación o nulidad matrimonial, o procedimientos de incapacitación del empresario individual, cuando no se hubiesen hecho constar en la inscripción primera del mismo.

– Las resoluciones judiciales inscribibles relativas al concurso, voluntario o necesario, principal o acumulado, del empresario individual.

– En general, los actos o contratos que modifiquen el contenido de los asientos practicados o cuya inscripción prevean las leyes o el presente Reglamento.

En el caso de las sociedades, habrá que inscribirse de forma obligatoria en la hoja abierta a cada sociedad:

– La constitución de la sociedad, que necesariamente será la inscripción primera.

– La modificación del contrato y de los estatutos sociales, así como los aumentos y las reducciones del capital.

– La prórroga del plazo de duración.

– El nombramiento y cese de administradores liquidadores y auditores. Asimismo, habrá que inscribirse el nombramiento y cese de los secretarios y vicesecretarios de los órganos colegiados de la administración, aunque no fueran miembros del mismo. La inscripción comprenderá tanto los miembros titulares como, en su caso, los suplentes.

– Los poderes generales y las delegaciones de facultades, así como su modificación, revocación y sustitución. No será obligatoria la inscripción de los poderes generales para pleitos o de los concedidos para la realización de actos concretos.

– La apertura, cierre y demás actos y circunstancias relativos a las sucursales en los términos previstos en los artículos 295 y siguientes.

– La transformación, fusión, escisión, rescisión parcial, disolución y liquidación de la sociedad.

– La designación de la entidad encargada de la llevanza del registro contable en el caso de que los valores se hallen representados por medio de anotaciones en cuenta.

– Las resoluciones judiciales inscribibles relativas al concurso, voluntario o necesario, principal o acumulado, de la sociedad y las medidas administrativas de intervención.

- Las resoluciones judiciales o administrativas así establecidas.

- Los acuerdos de implicación de los trabajadores en una sociedad anónima europea, así como sus modificaciones posteriores.

- El sometimiento a supervisión de una autoridad de vigilancia.

- En general, los actos o contratos que modifiquen el contenido de los asientos practicados o cuya inscripción prevean las leyes o el presente Reglamento.

- Certificación negativa del nombre: no podrá autorizarse escritura de constitución de sociedades y demás entidades inscribibles o de modificación de denominación, sin que se presente al notario la certificación que acredite que no figura registrada la denominación elegida. La denominación habrá de coincidir exactamente con la que conste en la certificación negativa expedida por el Registrador Mercantil Central.

  La certificación presentada deberá ser la original, estar vigente y haber sido expedida a nombre de un fundador o promotor o, en caso de modificación de la denominación, de la propia sociedad o entidad. La certificación deberá protocolizarse con la escritura matriz.

  La certificación negativa tendrá una vigencia de tres meses contados desde la fecha de su expedición por el Registrador Mercantil Central. Caducada la certificación, el interesado podrá solicitar una nueva con la misma denominación. A la solicitud deberá acompañar la certificación caducada.

- Otros organismos públicos: en función de la actividad concreta a la que el empresario se dedique, pueden existir trámites adicionales que sea preciso realizar, entre los que cabe hacer referencia a las licencias en losámbitos sanitario, industrial y medioambiental, entre otros.

1.4.2. Trámites específicos

Empresario individual

Los trámites específicos que se deben realizar para iniciar la actividad son los siguientes:

- Agencia Estatal de Administración Tributaria: las personas que vayan a realizar actividades u operaciones empresariales o profesionales o abonen rendimientos sujetos a retención deben solicitar, con anterioridad a su comienzo, su inscripción en el Censo de Empresarios, Profesionales y Retenedores, a través de los modelos 036 o 037. Este censo forma parte del

Censo de Obligados Tributarios, en el mismo se indicará la opción que elige de tributación en el IRPF, régimen del IVA, local en que va a desarrollar su actividad, así como la fecha en que iniciará sus actividades.

- Tesorería General de la Seguridad Social.

  Inscripción del empresario: corresponde la afiliación en el Régimen Especial de Trabajadores Autónomos (RETA), que es el régimen que regula la cotización a la Seguridad Social de los trabajadores autónomos.

Por lo que respecta a la figura del emprendedor de responsabilidad limitada, los trámites son similares a los del profesional autónomo, con los matices siguientes, relativos a dar la debida publicidad frente a terceros de dicha limitación de responsabilidad:

El emprendedor debe acudir a una notaría para manifestar, de modo formal, su voluntad de adquirir la condición de emprendedor de responsabilidad limitada. En el acta, adicionalmente, habrá de figurar:

- La actividad empresarial o profesional que se va a ejercer, con su código (CNAE).

- La identificación de cuál sea su vivienda habitual, que va a quedar excluida por tanto de la responsabilidad, y parece que, al menos, su declaración responsable de que no supera el valor máximo legal.

- El notario hará los trámites oportunos de modo que quede inscrito como emprendedor de responsabilidad limitada en el Registro Mercantil y en la inscripción de la vivienda en el Registro de la Propiedad.

La condición de emprendedor de responsabilidad limitada se adquirirá mediante su constancia en la hoja abierta al mismo en el Registro Mercantil correspondiente a su domicilio. Además de las circunstancias ordinarias, la inscripción contendrá una indicación del activo no afecto conforme a los apartados 1 y 2 del artículo 8 de la Ley 14/2013, de 27 de septiembre, de apoyo a los emprendedores y su internacionalización, y se practicará en la forma y con los requisitos previstos para la inscripción del empresario individual. Será título para inmatricular al emprendedor de responsabilidad limitada el acta notarial que se presentará obligatoriamente por el notario de manera telemática en el mismo día o siguiente hábil al de su autorización en el Registro Mercantil o la instancia suscrita con la firma electrónica reconocida del empresario y remitida telemáticamente a dicho Registro.

El emprendedor inscrito deberá hacer constar en toda su documentación, con expresión de los datos registrales, su condición de emprendedor de responsabilidad limitada o mediante la adición a su nombre, apellidos y datos de identificación fiscal de las siglas *R. L.*

Salvo que los acreedores prestaran su consentimiento expresamente, subsistirá la responsabilidad universal del deudor por las deudas contraídas con anterioridad a su inmatriculación en el Registro Mercantil como emprendedor individual de responsabilidad limitada.

El Colegio de Registradores, bajo la supervisión del Ministerio de Justicia, mantendrá un portal público de libre acceso en que se divulgarán sin coste para el usuario los datos relativos a los emprendedores de responsabilidad limitada inmatriculados.

Comunidad de bienes

Constitución

Se ha de redactar un contrato privado entre las partes que forman parte de la comunidad de bienes, denominados comuneros, en el que, entre otros aspectos, se expone el tipo de aportaciones que realizan los comuneros, así como el porcentaje que a cada uno de los mismos corresponderá en la distribución de las pérdidas y ganancias generadas por la comunidad.

No existiendo un modelo oficial que seguir por parte de los fundadores de la comunidad, corresponderá a los mismos redactarlo de forma que queden reflejados todos los extremos que se estimen necesarios.

Modelo de contrato privado de constitución de una COMUNIDAD DE BIENES.

REUNIDOS

De una parte, D./D.ª............, mayor de edad, con estado civil............, profesión............, con domicilio en ...., calle ...., n.º .... y DNI ....

Y de otra, D./D.ª............, mayor de edad, con estado civil............, profesión............, con domicilio en............, calle............, n.º............ y DNI ....

Intervienen ambas partes en su propio nombre y derecho reconociéndose mutua capacidad de obrar y obligarse y a tal efecto,

EXPONEN

Que, libre y espontáneamente, los comparecientes acuerdan otorgar y formalizar el presente contrato de constitución de COMUNIDAD DE BIENES, que se regirá por las siguientes

CLÁUSULAS

1.ª En este acto los intervinientes, D./D.ª........... y D./D.ª..........., constituyen una sociedad civil particular, que regula su funcionamiento en lo no previsto en este contrato, por lo estipulado en los arts. 392 y siguientes del Código Civil y demás normas legales que sean aplicables.

2.ª La sociedad actuará mercantilmente bajo la denominación de........... COMUNIDAD DE BIENES.

3.ª El domicilio social de la comunidad de bienes se encontrará en la ciudad de..........., número...........

4.ª Su objeto social será...........

5.ª Los socios aportan cada uno: D./D.ª...........aportará.... euros, en........... D./D.ª...........) aportará .... euros, en ....

6.ª Cada comunero podrá utilizar las cosas comunes, siempre que las emplee de acuerdo a su destino y de forma que no perjudique el interés de la comunidad, ni impida a los comuneros utilizarlas según su derecho.

Ninguno de los comuneros podrá, sin el previo consentimiento de los demás, llevar a cabo alteraciones en la cosa común, aunque de ellas pudieran derivarse ventajas para los demás.

7.ª La adopción de acuerdos referentes a la enajenación de bienes inmuebles de la comunidad habrá de tomarse por acuerdo unánime de los comuneros. La adopción de acuerdos relativos a la administración de la comunidad habrá de tomarse por mayoría de los partícipes. Se considerará que existe mayoría cuando el acuerdo sea adoptado por los comuneros que representen la mayoría de los intereses que integran el objeto social de la comunidad.

Si no se alcanzase un acuerdo por mayoría, o el acuerdo de la misma resultase gravemente perjudicial a los interesados en la cosa común, el juez proveerá, a instancia de parte, lo que corresponda, incluso, en su caso, nombrando un administrador.

8.ª Se establece como duración del presente contrato un plazo de........... años, transcurridos los cuales se entenderá prorrogado por el mismo periodo si las partes no manifiestan su intención de rescindir el contrato.

9.ª La comunidad se extinguirá por decisión de cualquiera de los comuneros, en cualquier tiempo.

No obstante lo dispuesto en el párrafo anterior, los copropietarios no podrán exigir la división de la cosa común cuando de hacerla resulte inservible para el uso al que se destina.

10.ª Se efectuará, en su caso, por un árbitro de equidad nombrado por acuerdo mayoritario de los copartícipes.

El árbitro así nombrado deberá formar partes proporcionales al derecho de cada uno, evitando en cuanto fuese posible los suplementos a metálico.

Cuando la cosa se considere esencialmente indivisible y los comuneros no convengan en que se adjudique a uno de ellos indemnizando a los demás, se venderá y repartirá su precio.

11.ª El fallecimiento de alguno de los comuneros no será considerado causa de disolución de la comunidad de bienes, por lo que sus herederos continuarán en la misma con idénticos derechos que el causante, percibiendo el saldo que hubiese en el momento de su fallecimiento a favor del a favor del occiso. En cualquier caso, en el plazo de seis meses tras el fallecimiento, podrán separarse, de acuerdo a la valoración del patrimonio social a la fecha del fallecimiento.

12.ª Cualquiera de los contratantes tiene derecho a elevar a escritura pública el presente documento, siendo de su cuenta los gastos que con tal motivo se produzcan.

13.ª Para todas las cuestiones derivadas de la interpretación y aplicación del presente contrato, y en especial de las desavenencias que pudieran surgir entre los socios, con ocasión de la liquidación de la sociedad, serán resueltas por árbitros de equidad, de conformidad con la ley.

Y en prueba de conformidad y aceptación firman el presente por (duplicado, triplicado, etc.) en el lugar y fecha al principio indicado.

Fdo.: ....   Fdo.: ....

Nombre: Nombre:

- Agencia Estatal de la Administración Tributaria:
  - Solicitud del Número de Identificación Fiscal (NIF) provisional: tras la suscripción por parte de los comuneros del contrato de comunidad de bienes, se solicitará en la AEAT un NIF provisional, cuya validez alcanza hasta la emisión del NIF definitivo.
  - Solicitud del Número de Identificación Fiscal definitivo: tras haberse inscrito la sociedad civil en el Registro de Sociedades Civiles de la comunidad autónoma, procede solicitar el definitivo.
  - Alta en el impuesto sobre actividades económicas: el alta en IAE de la comunidad de bienes implica el alta de cada uno de los comuneros de

forma individual en cuanto son miembros de una entidad en atribución de rentas. Las ventas de productos y las prestaciones de servicios serán facturados a nombre de la sociedad, sin embargo, el rendimiento será declarado por los socios. La sociedad declarará trimestralmente el impuesto sobre el valor añadido y cada uno de los socios habrá de presentar pagos a cuenta del impuesto sobre la renta de las personas físicas, siéndoles atribuido el rendimiento que se haya logrado en forma proporcional a la participación que tengan en la comunidad de bienes.

- Comunidad autónoma:

  - Consejería de Hacienda: liquidación del impuesto sobre actos jurídicos documentados en el supuesto de que el contrato se eleve a escritura pública. El impuesto recae sobre el adquiriente del bien o derecho y en su defecto, las personas que insten o soliciten los documentos notariales, o aquellos en cuyo interés se expidan. El tributo se satisfará mediante cuotas variables o fijas, atendiendo a que el documento que se formalice, otorgue o expida, tenga o no por objeto cantidad o cosa valuable en algún momento de su vigencia.

Sociedad cooperativa

Los trámites específicos son los siguientes:

- Registro de Sociedades Cooperativas del Ministerio de Trabajo y Economía Social (o de las comunidades autónomas):

  - Solicitud de certificación negativa de denominación: se solicitan las certificaciones sobre la existencia o no de entidades inscritas con idéntica denominación que otra que se pretenda constituir. La denominación habrá de incluir necesariamente las palabras *sociedad cooperativa* o la abreviatura *S. Coop.* Tras la expedición del correspondiente certificado, la denominación queda reservada a favor del solicitante durante un periodo de seis meses, que puede ser ampliado por otros dos meses si la sociedad ha iniciado el periodo de constitución.

  - Redacción de los estatutos sociales: en los estatutos se hará constar, al menos:

    La denominación de la sociedad.

    · Objeto social.

    · El domicilio.

- El ámbito territorial de actuación.

- La duración de la sociedad.

- El capital social mínimo.

- La aportación obligatoria mínima al capital social para ser socio, forma y plazos de desembolso y los criterios para fijar la aportación obligatoria que habrán de efectuar los nuevos socios que se incorporen a la cooperativa.

- La forma de acreditar las aportaciones al capital social.

- Devengo o no de intereses por las aportaciones obligatorias al capital social.

- Las clases de socios, requisitos para su admisión y baja voluntaria u obligatoria y régimen aplicable.

- Derechos y deberes de los socios.

- Derecho de reembolso de las aportaciones de los socios, así como el régimen de transmisión de las mismas.

- Normas de disciplina social, tipificación de las faltas y sanciones, procedimiento sancionador, y pérdida de la condición de socio.

- Composición del consejo rector, número de consejeros y periodo de duración en el respectivo cargo. Asimismo, determinación del número y periodo de actuación de los interventores y, en su caso, de los miembros del comité de recursos.

- Requisitos específicos adicionales para cada clase concreta de cooperativa.

- Se incluirán también las exigencias impuestas por esta ley para la clase de cooperativas de que se trate.

— Tras haber sido redactados los estatutos de la cooperativa, con carácter previo a su elevación a escritura pública, los promotores pueden solicitar del Registro de Sociedades Cooperativas correspondiente su calificación previa, para acreditar que se ajusten a lo dispuesto en la legislación de aplicación, para lo que, junto con la correspondiente solicitud, habrá de aportarse por duplicado el texto íntegro del proyecto de estatutos.

— Solicitud de inscripción de la sociedad en el registro de sociedades cooperativas: puede llevarse a cabo por parte de todos los promotores, el presidente y el secretario del órgano de gobierno de la sociedad, o quienes hayan sido designados al efecto en la escritura pública de constitución. Junto con la solicitud habrá de presentarse una copia autorizada y una copia simple de la citada escritura pública, así como el justificante del impuesto de transmisiones patrimoniales y actos jurídicos documentados.

El plazo máximo es de un mes a contar desde el otorgamiento de la citada escritura pública. En el caso de que transcurran más de seis meses, deberá acompañarse un instrumento público de ratificación de la citada escritura de constitución.

- Consejería de Hacienda de la comunidad autónoma: impuesto sobre transmisiones patrimoniales y actos jurídicos documentados, exención, por cualquiera de los conceptos que puedan ser de aplicación, salvo el gravamen previsto en el artículo 31.1 del Texto Refundido aprobado por Real Decreto Legislativo 3050/1980, de 30 de diciembre, respecto de los actos, contratos y operaciones siguientes:

  - Los actos de constitución, ampliación de capital, fusión y escisión.

  - La constitución y cancelación de préstamos, incluso los representados por obligaciones.

  - Las adquisiciones de bienes y derechos que se integren en el Fondo de Educación y Promoción para el cumplimiento de sus fines.

- Notaría: acto mediante el que los socios que han fundado la cooperativa llevan a cabo la firma de la escritura mediante la que se constituye la empresa. La misma expresará:

  - La identidad de los otorgantes.

  - Manifestación de estos de que reúnen los requisitos necesarios para ser socios.

  - La voluntad de constituir una sociedad cooperativa y clase de que se trate.

  - Acreditación por los otorgantes de haber suscrito la aportación obligatoria mínima al capital social para ser socio y, de haberla desembolsado, al menos, en la proporción exigida estatutariamente.

  - Si las hubiese, valor asignado a las aportaciones no dinerarias, haciendo constar sus datos registrales si existieran, con detalle de las realizadas por los distintos promotores.

  - Acreditación de los otorgantes de que el importe total de las aportaciones desembolsadas no es inferior al del capital social mínimo establecido estatutariamente.

- Identificación de las personas que, una vez inscrita la sociedad, han de ocupar los distintos cargos del primer consejo rector, el de interventor o interventores y declaración de que no están incursos en causa de incapacidad o prohibición alguna para desempeñarlos establecida en esta u otra ley.

- Declaración de que no existe otra entidad con idéntica denominación, a cuyo efecto se presentará al notario la oportuna certificación acreditativa expedida por el Registro de Sociedades Cooperativas.

- Los estatutos.

- En la escritura se podrán incluir todos los pactos y condiciones que los promotores juzguen conveniente establecer, siempre que no se opongan a las leyes ni contradigan los principios configuradores de la sociedad cooperativa.

Las personas que hayan sido designadas al efecto en la escritura de constitución, deberán solicitar, en el plazo de un mes desde su otorgamiento, la inscripción de la sociedad en el Registro de Sociedades Cooperativas. Si la solicitud se produce transcurridos seis meses, será preciso acompañar la ratificación de la escritura de constitución, también en documento público, cuya fecha no podrá ser anterior a un mes de dicha solicitud.

Transcurridos doce meses desde el otorgamiento de la escritura de constitución sin que se haya inscrito la sociedad, el Registro podrá denegar la inscripción con carácter definitivo.

Sociedad limitada

- Notaría: otorgamiento de escritura pública por parte de los socios fundadores.

  La escritura tendrá el siguiente contenido:

  - La identidad del socio o socios.

  - La voluntad de constituir una sociedad de capital, con elección de un tipo social determinado.

  - Las aportaciones que cada socio realice o, en el caso de las anónimas, se haya obligado a realizar, y la numeración de las participaciones o de las acciones atribuidas a cambio.

  - La identidad de la persona o personas que se encarguen inicialmente de la administración y de la representación de la sociedad.

- La escritura de constitución determinará el modo concreto en que inicialmente se organice la administración, si los estatutos prevén diferentes alternativas.

- Los estatutos de la sociedad, que han de regir el funcionamiento de la misma, deben mencionar de forma expresa:

  · La denominación de la sociedad.

  · El objeto social, determinando las actividades que lo integran.

  · El domicilio social.

  · El capital social, las participaciones o las acciones en que se divida, su valor nominal y su numeración correlativa. En el caso de las sociedades de responsabilidad limitada en régimen de formación sucesiva, en tanto la cifra de capital sea inferior al mínimo fijado en el artículo 4 de la Ley de Sociedades de Capital (3000 euros), los estatutos contendrán una expresa declaración de sujeción de la sociedad a dicho régimen. Los registradores mercantiles harán constar, de oficio, esta circunstancia en las notas de despacho de cualquier documento inscribible relativo a la sociedad, así como en las certificaciones que expidan.

  · Número de participaciones en que se divida el capital social, el valor nominal de las mismas, su numeración correlativa y, si fueran desiguales, los derechos que cada una atribuya a los socios y la cuantía o la extensión de estos.

  · El modo o modos de organizar la administración de la sociedad, el número de administradores o, al menos, el número máximo y el mínimo, así como el plazo de duración del cargo y el sistema de retribución, si la tuviesen.

  · El modo de deliberar y adoptar sus acuerdos los órganos colegiados de la sociedad.

Sociedad anónima

Las diferencias de los trámites de constitución respecto a las sociedades limitadas se encuentran en el contenido de la escritura pública y los estatutos de la sociedad.

- Notaría: otorgamiento de escritura pública por parte de los socios fundadores.

  La escritura tendrá el siguiente contenido:

  - La identidad del socio o socios.

- La voluntad de constituir una sociedad de capital, con elección de un tipo social determinado.

- Las aportaciones que cada socio realice o, en el caso de las anónimas, se haya obligado a realizar, y la numeración de las participaciones o de las acciones atribuidas a cambio.

- La identidad de la persona o personas que se encarguen inicialmente de la administración y de la representación de la sociedad.

- La cuantía total, al menos aproximada, de los gastos de constitución, tanto de los ya satisfechos como de los meramente previstos hasta la inscripción.

- Los estatutos de la sociedad, que han de regir el funcionamiento de la misma, deben mencionar de forma expresa:

  · La denominación de la sociedad.

  · El objeto social, determinando las actividades que lo integran.

  · El domicilio social.

  · El capital social, las participaciones o las acciones en que se divida, su valor nominal y su numeración correlativa.

  · Las clases de acciones y las series, en caso de que existieran; la parte del valor nominal pendiente de desembolso, así como la forma y el plazo máximo en que satisfacerlo; y si las acciones están representadas por medio de títulos o por medio de anotaciones en cuenta. En caso de que se representen por medio de títulos, deberá indicarse si son las acciones nominativas o al portador, y si se prevé la emisión de títulos múltiples.

  · El modo o modos de organizar la administración de la sociedad, el número de administradores o, al menos, el número máximo y el mínimo, así como el plazo de duración del cargo y el sistema de retribución, si la tuviesen.

  · El modo de deliberar y adoptar sus acuerdos los órganos colegiados de la sociedad.

Sociedad limitada laboral

Respecto a la sociedad limitada laboral y la sociedad anónima laboral, se expone a continuación la tramitación común a dichas formas jurídicas.

Aspectos comunes a las sociedades laborales:

- Competencia administrativa: corresponde al Ministerio de Trabajo y Economía Social o, en su caso, a las comunidades autónomas que hayan recibido los correspondientes traspasos de funciones y servicios, el otorgamiento de la calificación de sociedad laboral, así como el control del cumplimiento de los requisitos establecidos en esta ley y, en su caso, la facultad de resolver sobre la descalificación.

La calificación se otorgará previa solicitud de la sociedad, a la que acompañará la documentación que se determine reglamentariamente.

- En todo caso, las sociedades de nueva constitución aportarán copia autorizada de la correspondiente escritura, según la forma que ostente, en la que conste expresamente la voluntad de los otorgantes de fundar una sociedad laboral. Y si la sociedad es preexistente, copia de la escritura de constitución y, en su caso, de las relativas a modificaciones de estatutos, debidamente inscritas en el Registro Mercantil, así como certificación literal de este Registro sobre los asientos vigentes relativos a la misma, y certificación del acuerdo de la junta general, favorable a la calificación de sociedad laboral.

- Denominación social: en la denominación de la sociedad deberán figurar la indicación *sociedad anónima laboral* o *sociedad de responsabilidad limitada laboral,* o sus abreviaturas *S. A. L.* o *S. L. L.,* según proceda. El adjetivo *laboral* no podrá ser incluido en la denominación por sociedades que no hayan obtenido la calificación de *Sociedad Laboral.*

- La denominación de laboral se hará constar en toda su documentación, correspondencia, notas de pedido y facturas, así como en todos los anuncios que haya de publicar por disposición legal o estatutaria.

- Registro administrativo de sociedades laborales y coordinación con el Registro Mercantil: a efectos administrativos se crea en el Ministerio de Trabajo y Economía Social un Registro de Sociedades Laborales, en el que se harán constar los actos que se determinen en esta ley y en sus normas de desarrollo, todo ello sin perjuicio de las competencias de ejecución que asuman las comunidades autónomas.

- La sociedad gozará de personalidad jurídica desde su inscripción en el Registro Mercantil, si bien, para la inscripción en dicho Registro de una sociedad con la calificación de laboral, deberá aportarse el certificado que acredite que dicha sociedad ha sido calificada por el Ministerio de Trabajo y Economía Social o por el órgano competente de la respectiva comunidad autónoma como tal e inscrita en el Registro Administrativo a que se refiere el párrafo anterior.

La constancia en el Registro Mercantil del carácter laboral de una sociedad se hará mediante nota marginal en la hoja abierta a la sociedad, en la forma y plazos que se establezcan reglamentariamente, con notificación al Registro Administrativo.

El Registro Mercantil no practicará ninguna inscripción de modificación de estatutos de una sociedad laboral, que afecte a la composición del capital social o al cambio de domicilio fuera del término municipal, sin que se aporte por la misma certificado del Registro de Sociedades Laborales del que resulte, o bien la resolución favorable de que dicha modificación no afecta a la calificación de la sociedad de que se trate como laboral, o bien la anotación registral del cambio de domicilio.

- La obtención de la calificación como laboral por una sociedad anónima o de responsabilidad limitada no se considerará transformación social ni estará sometida a las normas aplicables a la transformación de sociedades.

- La sociedad laboral deberá comunicar, periódicamente, al Registro Administrativo las transmisiones de acciones o participaciones mediante certificación del libro-registro de acciones nominativas o del libro de socios.

- Capital social y socios.

El capital social estará dividido en acciones nominativas o en participaciones sociales. En el caso de *sociedad anónima laboral,* el desembolso de los dividendos pasivos deberá efectuarse dentro del plazo que señalen los estatutos sociales. El capital social mínimo será de 3000 euros en el caso de las sociedades limitadas laborales y de 60 000 en el de las sociedades anónimas laborales.

No será válida la creación de acciones de clase laboral privadas del derecho de voto.

Ninguno de los socios podrá poseer acciones o participaciones sociales que representen más de la tercera parte del capital social, salvo que se trate de sociedades laborales participadas por el Estado, las comunidades autónomas, las entidades locales o las sociedades públicas participadas por cualquiera de tales instituciones, en cuyo caso la participación de las entidades públicas podrá superar dicho límite, sin alcanzar el 50 % del capital social. Igual porcentaje podrán ostentar las asociaciones u otras entidades sin ánimo de lucro.

En los supuestos de transgresión de los límites que se indican, la sociedad estará obligada a acomodar a la ley la situación de sus socios respecto al capital social, en el plazo de un año a contar del primer incumplimiento de cualquiera de aquellos.

- Clases de acciones y de participaciones.

Las acciones y participaciones de las sociedades laborales se dividirán en dos clases: las que sean propiedad de los trabajadores cuya relación laboral lo sea por tiempo indefinido y las restantes. La primera clase se denominará *clase laboral* y la segunda, *clase general.* En el caso de *sociedad anónima laboral,* las acciones estarán representadas necesariamente por medio de títulos, individuales o múltiples, numerados correlativamente, en los que, además de las menciones exigidas con carácter general, se indicará la clase a la que pertenezcan.

- Nulidad de cláusulas estatutarias.

Solo serán válidas las cláusulas que prohíban la transmisión voluntaria de las acciones o participaciones sociales por actos *inter vivos,* si los estatutos reconocen al socio el derecho a separarse de la sociedad en cualquier momento. La incorporación de estas cláusulas a los estatutos sociales exigirá el consentimiento de todos los socios.

No obstante lo establecido en el apartado anterior, los estatutos podrán impedir la transmisión voluntaria de las acciones o participaciones por actos *inter vivos,* o el ejercicio del derecho de separación, durante un periodo de tiempo no superior a cinco años a contar desde la constitución de la sociedad, o para las acciones o participaciones procedentes de una ampliación de capital, desde el otorgamiento de la escritura pública de su ejecución.

- Consejería de Economía de la comunidad autónoma: las sociedades laborales que tengan la calificación de *sociedad laboral* y destinen al Fondo Especial de Reserva, en el ejercicio en que se produzca el hecho imponible, el 25 % de los beneficios líquidos gozarán de los siguientes beneficios en el impuesto sobre transmisiones patrimoniales y actos jurídicos documentados:

    — Exención de las cuotas devengadas por las operaciones societarias de constitución y aumento de capital y de las que se originen por la transformación de sociedades anónimas laborales ya existentes en sociedades laborales de responsabilidad limitada.

    — Bonificación del 99 % de las cuotas que se devenguen por modalidad de transmisiones patrimoniales onerosas, por la adquisición, por cualquier medio admitido en derecho, de bienes y derechos provenientes de la empresa de la que proceda la mayoría de los socios trabajadores de la sociedad laboral.

    — Bonificación del 99 % de la cuota que se devengue por la modalidad gradual de actos jurídicos documentados, por la escritura notarial que documente la transformación de otra sociedad en sociedad anónima laboral o sociedad limitada laboral o entre estas.

- Bonificación del 99 % de las cuotas que se devenguen por la modalidad gradual de actos jurídicos documentados, por las escrituras notariales que documenten la constitución de préstamos, incluidos los representados por obligaciones o bonos siempre que el importe se destine a la realización de inversiones en activos fijos necesarios para el desarrollo del objeto social.

- Encuadramiento en el Sistema de la Seguridad Social: los socios trabajadores de las sociedades laborales, cualquiera que sea su participación en el capital social dentro del límite establecido, y aun cuando formen parte del órgano de administración social, tendrán la consideración de trabajadores por cuenta ajena a efectos de su inclusión en el Régimen General o Especial de la Seguridad Social que corresponda por razón de su actividad, y quedarán comprendidos en la protección por desempleo y en la otorgada por el Fondo de Garantía Salarial, cuando estas contingencias estuvieran previstas en dicho régimen.

  Dichos socios trabajadores se asimilan a trabajadores por cuenta ajena, a efectos de su inclusión en el Régimen de la Seguridad Social que corresponda, con exclusión de la protección por desempleo y de la otorgada por el Fondo de Garantía Salarial, en los siguientes supuestos:

  - Cuando, por su condición de administradores sociales, realicen funciones de dirección y gerencia de la sociedad siendo retribuidos por el desempeño de este cargo, estén o no vinculados, simultáneamente, a la misma mediante relación laboral común o especial.

  - Cuando, por su condición de administradores sociales, realicen funciones de dirección y gerencia de la sociedad y, simultáneamente, estén vinculados a la misma mediante relación laboral de carácter especial del personal de alta dirección.

  - No obstante lo dispuesto en los apartados anteriores, los socios trabajadores estarán incluidos en el Régimen Especial de la Seguridad Social de los trabajadores por cuenta propia o autónomos, cuando su participación en el capital social junto con la de su cónyuge y parientes por consanguinidad, afinidad o adopción hasta el segundo grado, con los que convivan alcance, al menos, el 50 %, salvo que acredite que el ejercicio del control efectivo de la sociedad requiere el concurso de personas ajenas a las relaciones familiares.

La sociedad anónima laboral

Los trámites de constitución son similares a los de la sociedad limitada laboral, con los matices señalados en el correspondiente epígrafe.

1.5. Elevación a público de los documentos de constitución y gestión empresarial

Diversos documentos de la vida empresarial, tanto en el momento de constitución de la misma como en el desarrollo de su actividad económica, son susceptibles de ser consultados a través del Registro Mercantil, tras su anotación en este. Dicha inscripción concede seguridad jurídica a las terceras personas que puedan verse interesadas por diversas razones en la misma.

El Registro Mercantil tiene por objeto:

- La inscripción de los empresarios y demás sujetos establecidos por la ley, y de los actos y contratos relativos a los mismos que determinen la ley y este reglamento.

- La legalización de los libros de los empresarios, el nombramiento de expertos independientes y de auditores de cuentas, y el depósito y publicidad de los documentos contables.

La inscripción en el Registro Mercantil se practicará en virtud de documento público, y solo podrá practicarse en virtud de documento privado en los casos expresamente previstos en las leyes y en este reglamento.

En caso de documentos extranjeros, se estará a lo establecido por la legislación hipotecaria. También podrá acreditarse la existencia y válida constitución de empresarios inscritos, así como la vigencia del cargo y la suficiencia de las facultades de quienes los representan, mediante certificación, debidamente apostillada o legalizada, expedida por el funcionario competente del registro público a que se refiere la directiva del Consejo 68/151/CEE o de oficina similar en países respecto de los cuales no exista equivalencia institucional.

El contenido del registro se presume exacto y válido. Los asientos del Registro están bajo la salvaguarda de los Tribunales y producirán sus efectos mientras no se inscriba la declaración judicial de su inexactitud o nulidad.

La inscripción no convalida los actos y contratos que sean nulos con arreglo a las leyes.

Elevación a instrumento público de los acuerdos sociales

La elevación a instrumento público de los acuerdos de la junta o asamblea general o especial y de los acuerdos de los órganos colegiados de administración, podrá realizarse tomando como base el acta o libro de actas, testimonio notarial de los mismos o certificación de los acuerdos. También podrá realizarse tomando como base la copia autorizada del acta, cuando los acuerdos constaran en acta notarial.

En la escritura de elevación a público del acuerdo social deberán consignarse todas las circunstancias del acta que sean necesarias para calificar la validez de aquel. En su caso, el notario testimoniará en la escritura el anuncio de convocatoria publicado o protocolizará testimonio notarial del mismo.

Personas facultadas para la elevación a instrumento público

La elevación a instrumento público de los acuerdos sociales corresponde a la persona que tenga facultad para certificarlos. Las decisiones del socio único, consignadas en acta bajo su firma o la de su representante, podrán ser ejecutadas y formalizadas por el propio socio o por los administradores de la sociedad.

También podrá realizarse por cualquiera de los miembros del órgano de administración con nombramiento vigente e inscrito en el Registro Mercantil, cuando hubieran sido expresamente facultados para ello en la escritura social o en la reunión en que se hayan adoptado los acuerdos.

La elevación a instrumento público por cualquier otra persona requerirá el otorgamiento de la oportuna escritura de poder, que podrá ser general para todo tipo de acuerdos en cuyo caso deberá inscribirse en el Registro Mercantil. Este procedimiento no será aplicable para elevar a públicos los acuerdos sociales cuando se tome como base para ello el acta o testimonio notarial de la misma.

Cuando se hubiese cerrado el Registro Mercantil por falta del depósito de cuentas, quien eleve a instrumento público los acuerdos sociales manifestará esta circunstancia en la escritura.

Facultad de certificar

La facultad de certificar las actas y los acuerdos de los órganos colegiados de las sociedades mercantiles corresponde:

- Al secretario y, en su caso, al vicesecretario del órgano colegiado de administración, sea o no administrador. Las certificaciones se emitirán siempre con el visto bueno del presidente o, en su caso, del vicepresidente de dicho órgano.

- Al administrador único, o a cualquiera de los administradores solidarios.

- A los administradores que tengan el poder de representación en el caso de administración conjunta.

Será de aplicación a los liquidadores lo dispuesto en este apartado para los administradores.

En los casos previstos en el apartado anterior, será necesario que las personas que expidan la certificación tengan su cargo vigente en el momento de la expedición. Para la inscripción de los acuerdos contenidos en la certificación, deberá haberse inscrito, previa o simultáneamente, el cargo del certificante.

La facultad de certificar las actas en las que se consignen las decisiones del socio único corresponderá a este o a los administradores de la sociedad con cargo vigente.

No se podrán certificar acuerdos que no consten en actas aprobadas y firmadas o en acta notarial.

Certificación de acuerdos de la asamblea de obligacionistas

La facultad de expedir las certificaciones de las actas o los acuerdos de la asamblea de obligacionistas corresponde al comisario.

Certificación expedida por persona no inscrita

La certificación del acuerdo por el que se nombre al titular de un cargo con facultad certificante, cuando haya sido extendida por el nombrado, solo tendrá efecto si se acompañase notificación fehaciente del nombramiento al anterior titular, con cargo inscrito, en el domicilio de este según el registro. La notificación quedará cumplimentada y se tendrá por hecha en cualquiera de las formas expresadas en el artículo 202 del Reglamento Notarial.

El registrador no practicará la inscripción de los acuerdos certificados en tanto no transcurran quince días desde la fecha del asiento de presentación.

En este plazo, el titular anterior podrá oponerse a la práctica del asiento, si justifica haber interpuesto querella criminal por falsedad en la certificación o si acredita de otro modo la falta de autenticidad de dicho nombramiento.

Si se acredita la interposición de la querella, se hará constar esta circunstancia al margen del último asiento, que se cancelará una vez resuelta la misma, sin que dicha interposición impida practicar la inscripción de los acuerdos certificados.

Lo dispuesto en los párrafos anteriores no será de aplicación cuando se acredite el consentimiento del anterior titular al contenido de la certificación, mediante su firma legitimada en dicha certificación o en documento separado, ni cuando se acredite debidamente la declaración judicial de ausencia o de fallecimiento, la incapacitación o la defunción de aquel.

Lo dispuesto en los párrafos anteriores será también aplicable a la inscripción del acuerdo de nombramiento de cargo con facultad certificante cuya elevación a público, realizada por el nombrado, haya tenido lugar en virtud de acta o de libro de actas o de testimonio notarial de los mismos.

Contenido de la certificación

Los acuerdos de los órganos colegiados de las sociedades mercantiles podrán certificarse por transcripción literal o por extracto, salvo que se trate de acuerdos relativos a la modificación de la escritura o de los estatutos sociales, en cuyo caso será preceptiva la transcripción literal del acuerdo. En la certificación se harán constar la fecha y el sistema de aprobación del acta correspondiente o, en su caso, que los acuerdos figuran en acta notarial.

Si los acuerdos hubiesen de inscribirse en el Registro Mercantil, se consignarán en la certificación todas las circunstancias del acta que sean necesarias para calificar la validez de los acuerdos adoptados.

En caso de certificación por extracto, si los acuerdos hubiesen de inscribirse en el Registro Mercantil, se consignarán en ella todas las circunstancias que enumera el artículo 97 del Reglamento del Registro Mercantil, con las siguientes particularidades:

Será suficiente expresar el total capital que representen las acciones de los socios asistentes, o, en su caso, el número de votos que corresponden a sus participaciones, siendo necesario indicar el número de socios únicamente cuando este sea determinante para la válida constitución de la junta o asamblea o para la adopción del acuerdo.

Si la junta fuese universal, solo será necesario consignar tal carácter y que en el acta figura el nombre y la firma de los asistentes que sean socios o representantes de estos.

No será necesario recoger en la certificación el resumen de los asuntos debatidos ni expresar, en su caso, si hubo o no intervenciones u oposiciones.

En caso de órganos de administración, no será necesario especificar cuántos, asistieron personalmente ni cuántos por representación.

Se consignará en la certificación que ha sido confeccionada la lista de asistentes, en su caso, así como el medio utilizado para ello.

En todo caso, en la certificación deberá constar la fecha en que se expide.

1.6. Obligaciones contables

El marco conceptual de la contabilidad es el conjunto de fundamentos, principios y conceptos básicos cuyo cumplimiento conduce en un proceso lógico deductivo al reconocimiento y valoración de los elementos de las cuentas anuales. Su incorporación al Plan General de Contabilidad y, en consecuencia, la atribución al mismo de la categoría de norma jurídica, tiene como objetivo garantizar el rigor y coherencia del posterior proceso de elaboración de las normas de registro y valoración, así como de la posterior interpretación e integración del derecho contable.

1.6.1. Nuevo Plan General Contable

El Real Decreto 1514/2007, de 16 de noviembre, por el que se aprueba el **Plan General de Contabilidad** es la norma fundamental básica en materia contable.

El Plan General de Contabilidad tiene una estructura muy similar a la de sus antecesores con la finalidad de mantener nuestra tradición contable en todos aquellos aspectos que no han de verse alterados por la introducción de los nuevos criterios. El cambio en el orden de sus contenidos simplemente responde a la conveniencia de ubicar la materia de mayor contenido sustantivo en las tres primeras partes, que son de aplicación obligatoria, reservando las dos últimas para las propuestas con un contenido amplio de aplicación voluntaria. En concreto, se divide en las siguientes partes:

- Marco conceptual de la contabilidad.

- Normas de registro y valoración.

- Cuentas anuales.

- Cuadro de cuentas.

- Definiciones y relaciones contables.

De la lectura de la primera parte del nuevo plan se desprende que la imagen fiel del patrimonio, de la situación financiera y de los resultados de la empresa continúa siendo el corolario de la aplicación sistemática y regular de las normas contables. Para reforzar esta exigencia, en el pórtico del derecho mercantil contable se alzan los principios que deben guiar al Gobierno en su desarrollo reglamentario y a los sujetos contables en la aplicación que han de hacer de las normas. El fondo económico y jurídico de las operaciones constituye la piedra angular que sustenta el tratamiento contable de todas las transacciones, de tal suerte que su contabilización responda y muestre la sustancia económica y no solo la forma jurídica utilizada para instrumentarlas.

La segunda parte del Plan General de Contabilidad comprende las normas de registro y valoración. Los cambios introducidos responden a una doble motivación: en primer lugar, armonizar la norma española en gran medida con los criterios contenidos en las NIC//NIIF adoptadas mediante reglamentos de la Unión Europea y, en segundo lugar, agrupar en el Plan General de Contabilidad los criterios que, desde 1990, se han introducido en las sucesivas adaptaciones sectoriales con la finalidad de mejorar la sistemática de la norma. A continuación, se detallan las principales novedades.

En el inmovilizado material se incorpora, formando parte del precio de adquisición, el valor actual de las obligaciones derivadas del desmantelamiento, retiro o rehabilitación del lugar en el que se asienten los activos, que en el Plan de 1990 originaban el registro sistemático de una provisión para riesgos y gastos. La provisión que debe contabilizarse como contrapartida del inmovilizado se actualizará cada año por el efecto financiero ocasionado por el descuento, sin perjuicio de la revisión del importe inicial que pueda traer causa de una nueva estimación del coste de dichos trabajos, o del tipo de descuento aplicado. En ambos casos, el ajuste motivará al inicio del ejercicio en que se produzca, tanto la revisión del valor del activo como de la provisión.

El tratamiento de las provisiones para grandes reparaciones también experimenta un cambio en el nuevo marco contable. En la fecha de adquisición, la empresa deberá estimar e identificar el importe de los costes necesarios para realizar la revisión del activo. Estos costes se amortizarán como un componente diferenciado del coste del activo hasta la fecha en que se realice la revisión, momento en que se tratará contablemente como una sustitución, dándose de baja cualquier importe pendiente de amortizar y se reconocerá el importe satisfecho por la reparación, que, a su vez, deberá amortizarse de forma sistemática hasta la siguiente revisión.

La tercera parte del Plan General de Contabilidad recoge tanto las normas de elaboración de las cuentas anuales como los modelos, normales y abreviados, de los documentos que conforman las mismas, incluido el contenido de la memoria.

El balance, la cuenta de pérdidas y ganancias, el estado de cambios en el patrimonio neto, el estado de flujos de efectivo y la memoria son los documentos que integran las cuentas anuales. El estado de flujos de efectivo no será obligatorio para las empresas que puedan formular balance, estado de cambios en el patrimonio neto y memoria en modelo abreviado. Por tanto, la principal novedad, al margen del mayor desglose informativo que se requiere en las notas de la memoria, viene dada por la incorporación de estos dos nuevos documentos: el estado de cambios en el patrimonio neto y el estado de flujos de efectivo.

Con la finalidad de lograr un adecuado ámbito de comparabilidad en la información financiera suministrada por las empresas españolas, y siguiendo con la tradición del Plan de 1990, se han elaborado unos modelos de formato definido, con denominaciones concretas y de obligatoria aplicación, a diferencia de lo previsto en las NIC/NIIF adoptadas.

Desde un punto de vista general, también se puede citar como novedad, en sintonía con el criterio incluido en las normas internacionales adoptadas, el requerimiento de incluir también en la memoria de las cuentas anuales, información cuantitativa del ejercicio anterior, así como la necesidad de ajustar las cifras comparativas del periodo anterior, en la medida en que se produzcan ajustes valorativos derivados de cambios de criterios contables o errores. Adicionalmente a la información comparativa de índole numérica, si resulta relevante para la comprensión de las cuentas anuales del ejercicio actual, la norma exige que también se incluya información descriptiva del periodo anterior.

Por último, se puede afirmar que los cambios que incorpora el modelo persiguen comunicar al usuario las cuentas anuales, con la simple lectura de los estados principales, mayor información sobre la gestión que los administradores realizan de los recursos de la empresa.

Tres cambios merecen destacarse:

1) El paso de un modelo de cuenta de pérdidas y ganancias en forma de doble columna a otro vertical.

2) La supresión del margen extraordinario, habiéndose tomado en consideración la prohibición contenida en las normas internacionales adoptadas de calificar como extraordinarias partidas de ingresos o gastos.

3) La separación en el modelo normal de la cuenta de pérdidas y ganancias del resultado de las operaciones continuadas del originado por las operaciones o actividades interrumpidas, definidas estas últimas, con carácter general, como aquellas líneas de negocio o áreas geográficas significativas que la empresa, bien ha enajenado, o bien tiene previsto enajenar dentro de los doce meses siguientes.

Pero, sin duda, la gran novedad viene dada por la incorporación de los dos nuevos estados a las cuentas anuales. El estado de cambios en el patrimonio neto se presenta en dos documentos:

- El estado de ingresos y gastos reconocidos.

- El estado total de cambios en el patrimonio neto.

El estado de ingresos y gastos reconocidos recoge los ingresos y gastos devengados en el ejercicio y por diferencia el saldo global de los ingresos y gastos reconocidos, recogiendo diferenciadamente las transferencias que se hayan realizado durante el ejercicio a la cuenta de pérdidas y ganancias de acuerdo con los criterios fijados en las correspondientes normas de registro y valoración. Por su parte, el estado total de cambios en el patrimonio neto refleja el conjunto de variaciones producidas en el patrimonio neto durante el ejercicio. Se incluirán, por tanto, además del saldo de ingresos y gastos reconocidos, las demás variaciones en el patrimonio neto, entre las que se encuentran las que traigan causa de las operaciones realizadas con los socios o propietarios de la empresa, así como las reclasificaciones que puedan producirse en el patrimonio neto, derivadas, por ejemplo, de la dotación de reservas en ejecución del acuerdo de distribución del resultado y los ajustes motivados por la subsanación de errores o cambios de criterio contable que, excepcionalmente, puedan producirse.

También se introduce como novedad el estado de flujos de efectivo, con el fin de mostrar la capacidad de generar efectivo o equivalentes al efectivo, así como las necesidades de liquidez de la empresa debidamente ordenadas en tres categorías: actividades de explotación, inversión y financiación. Sin embargo, la pugna entre los intereses en conflicto que toda nueva exigencia informativa acarrea, transparencia frente a simplificación de las obligaciones contables, aspecto que lógicamente debe apreciarse ponderando esta exigencia con la dimensión de la empresa, se ha resuelto señalando que este documento no será obligatorio para las empresas que puedan formular balance, estado de cambios en el patrimonio neto y memoria en modelo abreviado.

La cuarta parte del Plan General de Contabilidad se refiere al cuadro de cuentas, que sigue la clasificación decimal. Como novedad respecto al Plan de 1990, el nuevo texto incorpora dos nuevos grupos, el 8 y el 9, para dar cabida a los gastos e ingresos imputados al patrimonio neto.

En consecuencia, el grupo 9 propuesto en el Plan de 1990 para desarrollar la contabilidad interna debe quedar liberado para dar encaje a las nuevas relaciones contables. Las empresas que opten por la llevanza de una contabilidad analítica podrán utilizar el grupo 0.

La quinta parte se dedica a las definiciones y relaciones contables. Con carácter general, cada uno de los grupos, subgrupos y cuenta son objeto de una definición en la que se recoge el contenido y las características más sobresalientes de las operaciones y hechos económicos que en ellos se representan.

Las relaciones contables propiamente dichas, de la misma forma que ya venía recogiendo el antiguo plan, describen los motivos más comunes de cargo y abono de las cuentas, sin agotar las posibilidades que cada una de ellas admite. Por tanto, cuando se trate de operaciones cuya contabilización no se haya recogido de forma explícita en el texto, se deberá formular el asiento o asientos que procedan utilizando los criterios que en este se establecen.

1.6.2. Principios contables

La contabilidad de la empresa y, en especial, el registro y la valoración de los elementos de las cuentas anuales, se desarrollarán aplicando obligatoriamente los principios contables que se indican a continuación:

- Empresa en funcionamiento. Se considerará, salvo prueba en contrario, que la gestión de la empresa continuará en un futuro previsible, por lo que la aplicación de los principios y criterios contables no tiene el propósito de determinar el valor del patrimonio neto a efectos de su transmisión global o parcial, ni el importe resultante en caso de liquidación.

  En aquellos casos en que no resulte de aplicación este principio, en los términos que se determinen en las normas de desarrollo del Plan General de Contabilidad, la empresa aplicará las normas de valoración que resulten más adecuadas para reflejar la imagen fiel de las operaciones tendentes a realizar el activo, cancelar las deudas y, en su caso, repartir el patrimonio neto resultante, debiendo suministrar en la memoria de las cuentas anuales toda la información significativa sobre los criterios aplicados.

- Devengo. Los efectos de las transacciones o hechos económicos se registrarán cuando ocurran, imputándose al ejercicio al que las cuentas anuales se refieran, los gastos y los ingresos que afecten al mismo, con independencia de la fecha de su pago o de su cobro.

- Uniformidad. Adoptado un criterio dentro de las alternativas que, en su caso, se permitan, deberá mantenerse en el tiempo y aplicarse de manera uniforme para transacciones, otros eventos y condiciones que sean similares, en tanto no se alteren los supuestos que motivaron su elección. De alterarse estos supuestos, podrá modificarse el criterio adoptado en su día; en tal caso, estas circunstancias se harán constar en la memoria, indicando la incidencia cuantitativa y cualitativa de la variación sobre las cuentas anuales.

- Prudencia. Se deberá ser prudente en las estimaciones y valoraciones que realizar en condiciones de incertidumbre. La prudencia no justifica que la valoración de los elementos patrimoniales no responda a la imagen fiel que deben reflejar las cuentas anuales.

  Asimismo, sin perjuicio de lo dispuesto en el artículo 38 bis del Código de Comercio, únicamente se contabilizarán los beneficios obtenidos hasta la fecha de cierre del ejercicio. Por el contrario, se deberán tener en cuenta todos los riesgos, con origen en el ejercicio o en otro anterior, tan pronto sean conocidos, incluso si solo se conocieran entre la fecha de cierre de las cuentas anuales y la fecha en que estas se formulen. En tales casos, se dará cumplida información en la memoria, sin perjuicio de su reflejo, cuando se haya generado un pasivo y un gasto, en otros documentos integrantes de las cuentas anuales. Excepcionalmente, si los riesgos se conocieran entre la formulación y antes de la aprobación de las cuentas anuales y afectaran de forma muy significativa a la imagen fiel, las cuentas anuales deberán ser reformuladas.

Deberán tenerse en cuenta las amortizaciones y correcciones de valor por deterioro de los activos, tanto si el ejercicio se salda con beneficio como con pérdida.

- No compensación. Salvo que una norma disponga de forma expresa lo contrario, no podrán compensarse las partidas del activo y del pasivo o las de gastos e ingresos, y se valorarán separadamente los elementos integrantes de las cuentas anuales.

- Importancia relativa. Se admitirá la no aplicación estricta de algunos de los principios y criterios contables cuando la importancia relativa en términos cuantitativos o cualitativos de la variación que tal hecho produzca sea escasamente significativa y, en consecuencia, no altere la expresión de la imagen fiel. Las partidas o importes cuya importancia relativa sea escasamente significativa podrán aparecer agrupados con otros de similar naturaleza o función.

En los casos de conflicto entre principios contables, deberá prevalecer el que mejor conduzca a que las cuentas anuales expresen la imagen fiel del patrimonio, de la situación financiera y de los resultados de la empresa.

1.6.3. Libros de contabilidad. Libros de registro

En el Código de Comercio aparecen regulados los libros de contabilidad que deben llevar los empresarios, así como las normas fundamentales acerca de la gestión de los mismos.

Todo empresario deberá llevar una contabilidad ordenada, adecuada a la actividad de su empresa que permita un seguimiento cronológico de todas sus operaciones, así como la elaboración periódica de balances e inventarios. Llevará necesariamente, sin perjuicio de lo establecido en las leyes o disposiciones especiales, un libro de inventarios y cuentas anuales y otro diario.

La contabilidad será llevada directamente por los empresarios o por otras personas debidamente autorizadas, sin perjuicio de la responsabilidad de aquellos. Se presumirá concedida la autorización, salvo prueba en contrario.

Las sociedades mercantiles llevarán también un libro o libros de actas, en los que constarán, al menos, todos los acuerdos tomados por las juntas generales y especiales y los demás órganos colegiados de la sociedad, con expresión de los datos relativos a la convocatoria y a la constitución del órgano, un resumen de los asuntos debatidos, las intervenciones de las que se haya solicitado constancia, los acuerdos adoptados y los resultados de las votaciones.

Cualquier socio y las personas que, en su caso, hubiesen asistido a la junta general en representación de los socios no asistentes, podrán obtener en cualquier momento certificación de los acuerdos y de las actas de las juntas generales.

Los administradores deberán presentar en el Registro Mercantil, dentro de los ocho días siguientes a la aprobación del acta, testimonio notarial de los acuerdos inscribibles. Los empresarios presentarán los libros que obligatoriamente deben llevar en el Registro Mercantil del lugar donde tuviesen su domicilio, para que, antes de su utilización, se ponga en el primer folio de cada uno diligencia de los que tuviese el libro y, en todas las hojas de cada libro, el sello del registro. En los supuestos de cambio de domicilio, tendrá pleno valor la legalización efectuada por el registro de origen.

Será válida, sin embargo, la realización de asientos y anotaciones, por cualquier procedimiento idóneo sobre hojas que después habrán de ser encuadernadas correlativamente para formar los libros obligatorios, los cuales serán legalizados antes de que transcurran los cuatro meses siguientes a la fecha de cierre del ejercicio. En cuanto al libro de actas, se estará a lo dispuesto en el Reglamento del Registro Mercantil.

Lo dispuesto en los párrafos anteriores se aplicará al libro registro de acciones nominativas en las sociedades anónimas y en comandita por acciones y al libro registro de socios en las sociedades de responsabilidad limitada, que podrán llevarse por medios informáticos, de acuerdo con lo que se disponga reglamentariamente.

Cada Registro Mercantil llevará un libro de legalizaciones.

Todos los libros y documentos contables deben ser llevados, cualquiera que sea el procedimiento utilizado, con claridad, por orden de fechas, sin espacios en blanco, interpolaciones, tachaduras ni raspaduras. Deberán salvarse, a continuación, inmediatamente que se adviertan, los errores u omisiones padecidos en las anotaciones contables. No podrán utilizarse abreviaturas o símbolos cuyo significado no sea preciso con arreglo a la ley, el reglamento o la práctica mercantil de general aplicación.

Las anotaciones contables deberán hacerse expresando los valores en euros.

Los empresarios conservarán los libros, correspondencia, documentación y justificantes concernientes a su negocio, debidamente ordenados, durante seis años, a partir del último asiento realizado en los libros, salvo lo que se establezca por disposiciones generales o especiales.

El cese del empresario en el ejercicio de sus actividades no le exime del deber a que se refiere el párrafo anterior, y, si hubiese fallecido, recaerá sobre sus herederos. En caso de disolución de sociedades, serán sus liquidadores los obligados a cumplir lo prevenido en dicho párrafo.

El valor probatorio de los libros de los empresarios y demás documentos contables será apreciado por los tribunales conforme a las reglas generales del derecho.

La contabilidad de los empresarios es secreta, sin perjuicio de lo que se derive de lo dispuesto en las leyes.

La comunicación o reconocimiento general de los libros, correspondencia y demás documentos de los empresarios, solo podrá decretarse, de oficio o a instancia de parte, en los casos de sucesión universal, suspensión de pagos, quiebras, liquidaciones de sociedades o entidades mercantiles, expedientes de regulación de empleo, y cuando los socios o los representantes legales de los trabajadores tengan derecho a su examen directo.

En todo caso, fuera de los casos prefijados en el párrafo anterior, podrá decretarse la exhibición de los libros y documentos de los empresarios a instancia de parte o de oficio, cuando la persona a quien pertenezcan tenga interés o responsabilidad en el asunto en que proceda la exhibición. El reconocimiento se contraerá exclusivamente a los puntos que tengan relación con la cuestión de que se trate.

El reconocimiento al que se refiere el artículo anterior, ya sea general o particular, se hará en el establecimiento del empresario, en su presencia o en la de la persona que comisione, debiendo adoptarse las medidas oportunas para la debida conservación y custodia de los libros y documentos.

En cualquier caso, la persona a cuya solicitud se decrete el reconocimiento podrá servirse de auxiliares técnicos en la forma y número que el juez considere necesario.

Empresarios individuales o profesionales que empleen el método de estimación directa normal. El mismo se aplica, con carácter general, a los empresarios y profesionales, salvo que estén acogidos a la modalidad simplificada o al régimen de estimación objetiva.

Se aplicará siempre que el importe de la cifra de negocios del conjunto de actividades ejercidas por el contribuyente supere los 600 000 euros anuales en el año inmediato anterior o cuando se hubiera renunciado a la estimación directa simplificada.

Habrán de llevar los libros diario, y de inventarios y cuentas anuales.

- Libro diario: el libro diario registrará día a día todas las operaciones relativas a la actividad de la empresa. Será válida, sin embargo, la anotación conjunta de los totales de las operaciones por periodos no superiores al trimestre, a condición de que su detalle aparezca en otros libros o registros concordantes, de acuerdo con la naturaleza de la actividad de que trate.

- Libro de inventarios y cuentas anuales: el libro de inventarios y cuentas anuales se abrirá con el balance inicial detallado de la empresa. Al menos trimestralmente se transcribirán con sumas y saldos los balances de comprobación. Se transcribirán también el inventario de cierre del ejercicio y las cuentas anuales.

Empresarios individuales o profesionales que utilicen el método de estimación directa simplificada, aplicable a aquellos que incurran en las siguientes situaciones

- Que sus actividades no estén acogidas al régimen de estimación objetiva.

- Que, en el año anterior, el importe neto de la cifra de negocios para el conjunto de actividades desarrolladas por el contribuyente no supere los 600 000 euros. Cuando en el año inmediatamente anterior se hubiese iniciado la actividad, el importe neto de la cifra de negocios se elevará al año.

- Que no se haya renunciado a su aplicación.

- Que ninguna actividad que ejerza el contribuyente se encuentre en la modalidad normal del régimen de estimación directa.

En este caso, deberá llevarse una serie de libros fiscales, no siendo preciso la llevanza de los establecidos en el Código de Comercio, toda vez que los primeros sustituyen la obligatoriedad de los segundos. Los libros fiscales que ha de llevar son los siguientes:

Libro de ventas e ingresos

Es un libro cuyo contenido mínimo es el siguiente:

- Número de cada anotación realizada.

- Fecha en la que se ha devengado cada uno de los ingresos, en función del criterio temporal de imputación que se haya adoptado.

- Número de cada factura o documento sustitutivo en el que aparece reflejada la operación.

- El concepto en base al que se produce.

- Importe de la operación, con anotación separada del impuesto sobre el valor añadido que haya sido devengado.

En el supuesto de que no sea obligatoria la emisión de facturas, los ingresos que se deriven de operaciones no reflejadas en factura serán numeradas en forma correlativa, realizándose en el libro registro con el citado número. Se admite la realización de un asiento diario con el carácter de resumen que incluya la totalidad de las operaciones que no fuesen facturadas, en el que habrá de hacerse constar:

- Número de la anotación.

- Fecha en que se produce el asiento.

- La indicación de que se trata de un asiento resumen.

- El importe del asiento resumen con anotación separada del impuesto sobre el valor añadido.

Libro registro de compras y gastos

En el libro registro de compras y gastos se deberán anotar con periodicidad diaria la totalidad de las compras y los gastos que la empresa realiza en el desarrollo de su actividad con los siguientes datos:

- Número de anotación.

- Fecha de la anotación.

- Nombre, apellidos o razón social del expedidor.

- Concepto de la anotación.

- Importe (con el impuesto sobre el valor añadido desglosado).

Libro registro de bienes de inversión

El libro registro de bienes de inversión deberá ser llevado por los sujetos pasivos que hayan de realizar la regularización de las deducciones practicadas por los bienes de inversión.

Habrán de quedar registrados en el libro:

- Los bienes de inversión con la adecuada individualización, señalando para cada uno de los mismos al menos los siguientes datos:

  - Factura de compra.

  - Documentación aduanera, en su caso.

  - Fecha de inicio de su utilización.

  - Prorrata anual definitiva.

  - Regularización anual de las deducciones en caso de que hayan sido efectuadas.

    Las rectificaciones, en la medida en que tengan incidencia en la regularización de las deducciones efectuadas por la compra de bienes de inversión, serán inscritas en este libro registro junto a la anotación del bien al que estén referidas. La rectificación de las anotaciones registrales solo será llevada a cabo cuando existiesen errores materiales en la realización de estas.

Libro registro de facturas emitidas

Los empresarios o profesionales deberán llevar y conservar un libro registro de las facturas que hayan expedido, en el que se anotarán, con la debida separación, el total de los referidos documentos.

La misma obligación incumbirá a quienes, sin tener la condición de empresarios o profesionales a los efectos del impuesto sobre el valor añadido, sean sujetos pasivos de este, en relación con las facturas que expidan en su condición de tales.

Será válida, sin embargo, la realización de asientos o anotaciones, por cualquier procedimiento idóneo, sobre hojas separadas, que después habrán de ser numeradas y encuadernadas correlativamente para formar el libro mencionado en el apartado anterior.

En el libro registro de facturas expedidas se inscribirán, una por una, las facturas expedidas y se consignarán el número y, en su caso, serie; la fecha de expedición; la fecha de realización de las operaciones, en caso de que sea distinta de la anterior; el nombre y apellidos, razón social o denominación completa y número de identificación fiscal del destinatario; la base imponible de las operaciones, determinada conforme a los artículos 78 y 79 de la Ley del impuesto sobre el valor añadido y, en su caso, el tipo impositivo y la cuota tributaria.

La anotación individualizada de las facturas a que se refiere el apartado anterior se podrá sustituir por la de asientos resúmenes en los que se harán constar la fecha o periodo en que se hayan expedido, base imponible global, el tipo impositivo, la cuota global de facturas numeradas correlativamente y expedidas en la misma fecha, los números inicial y final de las mismas siempre que se cumplan simultáneamente los siguientes requisitos:

- Que en las facturas expedidas no sea preceptiva la identificación del destinatario, conforme a lo dispuesto por el Reglamento por el que se regulan las obligaciones de facturación, aprobado por el Real Decreto 1619/2012, de 30 de noviembre.

- Que el devengo de las operaciones documentadas se haya producido dentro de un mismo mes natural.

- Que a las operaciones documentadas en ellas les sea aplicable el mismo tipo impositivo.

Igualmente será válida la anotación de una misma factura en varios asientos correlativos cuando incluya operaciones que tributen a distintos tipos impositivos.

Deberán anotarse también por separado las facturas rectificativas a que se refiere el artículo 15 del Reglamento por el que se regulan las obligaciones de facturación, aprobado por Real Decreto 1619/2012, de 30 de noviembre, consignando el número, fecha de expedición, identificación del proveedor, base imponible, tipo impositivo y cuota.

Libro registro de facturas recibidas

Los empresarios o profesionales, a los efectos del impuesto sobre el valor añadido, deberán numerar correlativamente todas las facturas, justificantes contables y documentos de aduanas correspondientes a los bienes adquiridos o importados y a los servicios recibidos en el desarrollo de su actividad empresarial o profesional. Esta numeración podrá realizarse mediante series separadas siempre que existan razones objetivas que lo justifiquen.

Los documentos a que se refiere el apartado anterior se anotarán en el libro registro de facturas recibidas.

En particular, se anotarán las facturas correspondientes a las entregas que den lugar a las adquisiciones intracomunitarias de bienes sujetas al impuesto efectuadas por los empresarios o profesionales.

Igualmente, deberán anotarse las facturas o, en su caso, los justificantes contables a que se refiere el número 4.º del apartado 1 del artículo 97 de la Ley del Impuesto (la factura original o el justificante contable de la operación expedido por quien realice una entrega de bienes o una prestación de servicios al destinatario, sujeto pasivo del IVA).

Será válida, sin embargo, la realización de asientos o anotaciones, por cualquier procedimiento idóneo, sobre hojas separadas que, después, habrán de ser numeradas y encuadernadas correlativamente para formar el libro regulado en este artículo.

En el libro registro de facturas recibidas se anotarán, una por una, las facturas recibidas y, en su caso, los documentos de aduanas y los demás indicados anteriormente. Se consignarán su número de recepción, la fecha de expedición, la fecha de realización de las operaciones, en caso de que sea distinta de la anterior y así conste en el citado documento, el nombre y apellidos, razón social o denominación completa y número de identificación fiscal del obligado a su expedición, la base imponible, determinada conforme a los artículos 78 y 79 de la Ley del Impuesto, y, en su caso, el tipo impositivo, la cuota tributaria y si la operación se encuentra afectada por el régimen especial del criterio de caja, en cuyo caso, se deberán incluir las menciones a que se refiere el apartado 2 del artículo 61 de este Reglamento.

En el caso de las facturas a que se refiere el párrafo segundo del apartado 2 de este artículo, las cuotas tributarias correspondientes a las adquisiciones intracomunitarias de bienes a que den lugar las entregas en ellas documentadas habrán de calcularse y consignarse en la anotación relativa a dichas facturas.

Igualmente, en el caso de las facturas o, en su caso, de los justificantes contables a que se refiere el párrafo tercero del apartado 2 de este artículo, las cuotas tributarias correspondientes a las entregas de bienes o prestaciones de servicios en ellas documentadas habrán de calcularse y consignarse en la anotación relativa a dichas facturas o justificantes contables.

Podrá hacerse un asiento resumen global de las facturas recibidas en una misma fecha, en el que se harán constar los números inicial y final de las facturas recibidas asignados por el destinatario, siempre que procedan de un único proveedor, la suma global de la base imponible, la cuota impositiva global, siempre que el importe total conjunto de las operaciones, impuesto sobre el valor añadido no incluido, no exceda de 6000 euros, y que el importe de las operaciones documentadas en cada una de ellas no supere 500 euros, impuesto sobre el valor añadido no incluido.

Libro registro de bienes de inversión

Los sujetos pasivos del impuesto sobre el valor añadido que tengan que practicar la regularización de las deducciones por bienes de inversión, según lo dispuesto en los artículos 107 a 110, ambos inclusive, de la Ley del Impuesto, deberán llevar, ajustado a los requisitos formales del artículo 68 de este Reglamento, un libro registro de bienes de inversión.

En dicho libro se registrarán, debidamente individualizados, los bienes adquiridos por el sujeto pasivo calificados como de inversión según lo dispuesto en el artículo 108 de la Ley del Impuesto.

Asimismo, los sujetos pasivos deberán reflejar en este libro registro los datos suficientes para identificar de forma precisa las facturas y documentos de aduanas correspondientes a cada uno de los bienes de inversión asentados.

Se anotarán, igualmente, por cada bien individualizado, la fecha del comienzo de su utilización, prorrata anual definitiva y la regularización anual, si procede, de las deducciones.

En los casos de entregas de bienes de inversión durante el periodo de regularización se darán de baja del libro registro los bienes de inversión correspondientes, anotando la referencia precisa al asentamiento del libro registro de facturas emitidas que recoge dicha entrega, así como la regularización de la deducción efectuada con motivo de la misma, según el procedimiento señalado en el artículo 110 de la Ley del Impuesto.

Será válida la realización de asientos o anotaciones por cualquier procedimiento idóneo sobre hojas separadas que después habrán de ser numeradas y encuadernadas correlativamente para formar el libro regulado en este artículo.

1.6.4. Auditoría de cuentas

Se entenderá por auditoría de cuentas la actividad consistente en la revisión y verificación de las cuentas anuales, así como de otros estados financieros o documentos contables, elaborados con arreglo al marco normativo de información financiera que resulte de aplicación, siempre que dicha actividad tenga por objeto la emisión de un informe sobre la fiabilidad de dichos documentos que pueda tener efectos frente a terceros.

La auditoría de las cuentas anuales consistirá en verificar dichas cuentas a efectos de dictaminar si expresan la imagen fiel del patrimonio, de la situación financiera y de los resultados de la entidad auditada, de acuerdo con el marco normativo de información financiera que resulte de aplicación; también comprenderá, en su caso, la verificación de la concordancia del informe de gestión con dichas cuentas.

La auditoría de cuentas tendrá que ser necesariamente realizada por un auditor de cuentas o una sociedad de auditoría, mediante la emisión del correspondiente informe y con sujeción a los requisitos y formalidades establecidos en la legislación aplicable.

Informe de auditoría de cuentas

El informe de auditoría de las cuentas anuales es un documento mercantil que contendrá, al menos, los siguientes datos:

- Identificación de la entidad auditada, de las cuentas anuales que son objeto de la auditoría, del marco normativo de información financiera que se aplicó en su elaboración, de las personas físicas o jurídicas que encargaron el trabajo y, en su caso, de las personas a quienes vaya destinado; así como la referencia a que las cuentas anuales han sido formuladas por el órgano de administración de la entidad auditada.

- Una descripción general del alcance de la auditoría realizada, con referencia a las normas de auditoría conforme a las cuales se ha llevado a cabo y, en su caso, de los procedimientos previstos en ellas que no haya sido posible aplicar como consecuencia de cualquier limitación puesta de manifiesto en el desarrollo de la auditoría. Asimismo, se informará sobre la responsabilidad del auditor de cuentas o sociedad de auditoría de expresar una opinión sobre las citadas cuentas en su conjunto.

- Una opinión técnica en la que se manifestará, de forma clara y precisa, si las cuentas anuales ofrecen la imagen fiel del patrimonio, de la situación financiera y de los resultados de la entidad auditada, de acuerdo con el marco normativo de información financiera que resulte de aplicación y, en particular, con los principios y criterios contables contenidos en el mismo.

  La opinión podrá ser favorable, con salvedades, desfavorable o denegada.

  Cuando no existan reservas, la opinión será favorable.

  En el caso de que existan tales reservas, se deberán poner de manifiesto todas ellas en el informe y la opinión técnica será con salvedades, desfavorable o denegada.

- Una opinión sobre la concordancia o no del informe de gestión con las cuentas correspondientes al mismo ejercicio, en el caso de que el citado informe de gestión acompañe a las cuentas anuales.

- Fecha y firma de quien o quienes lo hubieran realizado. La fecha del informe de auditoría será aquella en que el auditor de cuentas y la sociedad de auditoría han completado los procedimientos de auditoría necesarios para formarse una opinión sobre las cuentas anuales.

El informe de auditoría deberá ser emitido por el auditor de cuentas o la sociedad de auditoría de conformidad con la normativa aplicable y con el contrato de auditoría suscrito entre las partes. La falta de emisión del informe de auditoría o la renuncia a continuar con el contrato de auditoría, tan solo podrá producirse por la existencia de justa causa y en aquellos supuestos en los que concurra alguna de las siguientes circunstancias:

- Existencia de amenazas que pudieran comprometer de forma grave la independencia u objetividad del auditor de cuentas o de la sociedad de auditoría, de acuerdo con lo dispuesto en la Sección I del Capítulo III.

- Imposibilidad absoluta de realizar el trabajo encomendado al auditor de cuentas o sociedad de auditoría por circunstancias no imputables a estos.

En los anteriores supuestos, cuando se trate de auditorías obligatorias, deberá informarse razonadamente, tanto al Registro Mercantil correspondiente al domicilio social de la sociedad auditada como al Instituto de Contabilidad y Auditoría de Cuentas, de las circunstancias determinantes de la falta de emisión del informe o la renuncia a continuar con el contrato de auditoría, en la forma y plazos que se determine reglamentariamente.

El informe de auditoría de cuentas anuales será emitido bajo la responsabilidad de quien o quienes lo hubieran realizado, y deberá estar firmado por estos.

En ningún caso el informe de auditoría de cuentas anuales podrá ser publicado parcialmente o en extracto, ni de forma separada a las cuentas anuales auditadas.

Cuando el informe sea público, podrá hacerse mención a su existencia, en cuyo caso, deberá hacerse referencia al tipo de opinión emitida.

El informe de auditoría de cuentas anuales deberá ir acompañado de la totalidad de documentos que componen las cuentas objeto de auditoría y, en su caso, del informe de gestión.

Cuando el informe no se refiera a las cuentas anuales, le será de aplicación, en su caso, lo dispuesto para dichas cuentas.

Solicitud y aportación de información necesaria

Las entidades auditadas estarán obligadas a facilitar cuanta información fuera necesaria para realizar los trabajos de auditoría de cuentas; asimismo, quien o quienes realicen dichos trabajos estarán obligados a requerir cuanta información precisen para la emisión del informe de auditoría de cuentas.

Auditoría de cuentas consolidadas

El auditor de cuentas que realice la auditoría de las cuentas anuales consolidadas, o de otros estados financieros o documentos contables consolidados, asume la plena responsabilidad del informe de auditoría emitido, aun cuando la auditoría de las cuentas anuales de las sociedades participadas haya sido realizada por otros auditores.

Quien o quienes emitan la opinión sobre las cuentas anuales consolidadas, o sobre otros estados financieros o documentos contables consolidados, vendrán obligados a recabar la información necesaria, en su caso, a quienes hayan realizado la auditoría de cuentas de las entidades que formen parte del conjunto consolidable, que estarán obligados a suministrar cuanta información se les solicite.

El auditor de cuentas que realice la auditoría de las cuentas anuales consolidadas, o de otros estados financieros o documentos contables consolidados, efectuará una revisión y evaluación del trabajo de auditoría realizado por otros auditores de cuentas o sociedades de auditoría, incluidas las de la Unión Europea y de terceros países, en relación con las auditorías de entidades que formen parte del conjunto consolidable. Dicha revisión y evaluación deberá documentarse en los papeles de trabajo.

En el caso de que una entidad significativa, medida en términos de importancia relativa, que forme parte del conjunto consolidable sea auditada por auditores de cuentas o sociedades de auditoría de terceros países con los que no exista acuerdo de intercambio de información sobre la base de reciprocidad, el auditor de cuentas que realice la auditoría de las cuentas anuales consolidadas, o de otros estados financieros o documentos contables consolidados, será responsable de aplicar los procedimientos que reglamentariamente se determinen para facilitar que el Instituto de Contabilidad y Auditoría de Cuentas pueda tener acceso a la documentación del trabajo de auditoría realizado por los citados auditores de cuentas o sociedades de auditoría del tercer país, incluidos los papeles de trabajo pertinentes para la auditoría del grupo, pudiendo a tal efecto conservar una copia de esa documentación o acordar por escrito con estos auditores de cuentas o sociedades de auditoría un acceso adecuado e ilimitado para que el auditor del grupo la remita al Instituto de Contabilidad y Auditoría de Cuentas, cuando este lo requiera. Si existieran impedimentos legales o de otro tipo que impidieran la transmisión de los papeles de trabajo de auditoría de un tercer país al auditor del grupo, la documentación conservada por este auditor incluirá la prueba de que ha aplicado los procedimientos adecuados para obtener acceso a la documentación relativa a la auditoría y, en caso de impedimentos distintos de los legales derivados de la legislación nacional, la prueba que demuestre la existencia de tales impedimentos.

Lo dispuesto en este apartado será de aplicación también a la sociedad de auditoría que realice la auditoría de cuentas anuales consolidadas, o de otros estados financieros o documentos contables consolidados, así como a los auditores de cuentas que la realicen en nombre de dicha sociedad.

Normativa reguladora de la auditoría de cuentas

La actividad de auditoría de cuentas se realizará con sujeción a la normativa constituida por las prescripciones de esta ley, de su reglamento de desarrollo, así como a las normas de auditoría, de ética y de control de calidad interno de los auditores de cuentas y sociedades de auditoría.

Las normas de auditoría son las contenidas en esta ley, en su reglamento de desarrollo, en las normas internacionales de auditoría adoptadas por la Unión Europea y en las normas técnicas de auditoría, en aquellos aspectos no regulados por las normas internacionales de auditoría citadas.

Las normas de ética incluyen, al menos, los principios de su función de interés público, competencia profesional, diligencia debida, integridad y objetividad.

Podrán imponerse requisitos adicionales a los establecidos en las normas internacionales de auditoría adoptadas por la Unión en los términos que prevea el derecho de la Unión Europea. Dichos requisitos adicionales podrán establecerse mediante resolución del Instituto de Contabilidad y Auditoría de Cuentas en la que se declare la vigencia de los apartados correspondientes de las normas técnicas de auditoría preexistentes a la adopción por la Unión Europea de las normas internacionales de auditoría sobre la misma materia, o mediante la publicación de nuevas normas técnicas de auditoría limitadas a los referidos requisitos adicionales.

1.7. Obligaciones fiscales

Agencia Estatal de Administración Tributaria:

- Obtención del número de identificación fiscal (NIF) de personas jurídicas y entidades. En el supuesto de que no sea solicitado, la AEAT podrá actuar de oficio e inscribirles en el censo de obligados tributarios y asignarles el NIF.

  El NIF asignado a las personas jurídicas y entidades por la AEAT no variará con independencia de los cambios que experimenten, excepto que se modifique su forma jurídica o nacionalidad.

El NIF asignado se podrá acreditar por su titular mediante la exhibición de la tarjeta acreditativa que expide para su constancia la Administración Tributaria y cuya autenticidad se puede verificar en la página web de la Agencia Tributaria.

- Obtención del NIF de personas físicas: en general, el NIF de las personas físicas de nacionalidad española coincidirá con el número de su documento nacional de identidad seguido por el código de verificación, y para los que carezcan de nacionalidad española será el Número de Identidad de Extranjero (NIE). El Ministerio del Interior es el órgano competente para su asignación.

  Los obligados tributarios habrán de incluir su NIF en todas las autoliquidaciones, declaraciones, comunicaciones o escritos que presenten ante la Administración Tributaria.

- Alta en el impuesto de actividades económicas, el cual es un tributo de carácter local, que grava el ejercicio de actividades empresariales, profesionales o artísticas, se ejerzan o no en local. Habrán de presentarse tantas altas como las diversas actividades se vayan a ejercer. Se encuentran exentas del pago de este tributo las personas físicas, así como las sociedades civiles y sociedades mercantiles, que tengan un importe neto de la cifra de negocios inferior a 1 000 000 de euros, los sujetos pasivos que inicien el ejercicio de su actividad en territorio español, durante los dos primeros periodos impositivos de este impuesto en que se desarrolle aquella, y los contribuyentes por el impuesto sobre la renta de no residentes que operen en España mediante establecimiento permanente siempre que tengan un importe neto de la cifra de negocios inferior a 1 000 000 de euros.

- Alta en el impuesto sobre el valor añadido: debe tenerse en cuenta que, así como el NIF es necesario para cualquier persona física o jurídica que lleve a cabo relaciones jurídicas de naturaleza tributaria, el NIF-IVA solo es preciso para desarrollar ciertas operaciones intracomunitarias.

  El NIF-IVA se asignará, con algunas excepciones, a las siguientes personas o entidades:

  - Los empresarios o profesionales establecidos o no en el territorio de aplicación del IVA español que realicen entregas de bienes o adquisiciones intracomunitarias de bienes sujetas al impuesto, incluso si los bienes objeto de dichas adquisiciones intracomunitarias se utilizan en la realización de actividades empresariales o profesionales en el extranjero.

- Los empresarios o profesionales que sean destinatarios de los servicios prestados por empresarios o profesionales no establecidos en el territorio peninsular español e islas Baleares, respecto de los cuales sean sujetos pasivos del IVA (inversión del sujeto pasivo).

- Los empresarios o profesionales que presten servicios, que por aplicación de las reglas de localización de los mismos se entiendan prestados en otro Estado miembro distinto de España, cuando el sujeto pasivo sea el destinatario de los mismos.

- Las personas jurídicas que no actúen como empresarios o profesionales, cuando realicen adquisiciones intracomunitarias de bienes sujetas al IVA.

En función de la actividad que la empresa desarrolle, en lugar del Régimen General del IVA, corresponderá la inscripción en algún Régimen Especial como son los casos de recargo de equivalencia, bienes usados, objetos de arte, antigüedades y objetos de colección, agencias de viajes o servicios prestados por vía electrónica.

Libros contables relativos al impuesto sobre el valor añadido

Los empresarios y profesionales, sujetos pasivos del IVA, deberán llevar, con carácter general, los siguientes libros registros:

- Libro registro de facturas expedidas.

- Libro registro de facturas recibidas.

- Libro registro de bienes de inversión.

- Libro registro de determinadas operaciones intracomunitarias.

  Los libros o registros, incluidos los de carácter informático que, en cumplimiento de sus obligaciones fiscales o contables, deban llevar los sujetos pasivos, pueden ser utilizados a efectos del IVA, siempre que se ajusten a los requisitos establecidos.

Alta como retenedores

- El modelo 111 de autoliquidación de retenciones e ingresos a cuenta del impuesto sobre la renta de las personas físicas sobre rendimientos del trabajo y de actividades económicas, premios y determinadas ganancias patrimoniales e imputaciones de renta, deberá ser empleado por los retenedores y obligados a ingresar a cuenta, por razón de las rentas a que el mismo se refiere.

- El modelo 115 deberá ser presentado con el ingreso del importe correspondiente, por los retenedores y obligados a ingresar a cuenta que satisfagan las rentas o rendimientos sometidos a retención o ingreso a cuenta procedentes del arrendamiento o subarrendamiento de inmuebles urbanos, con determinadas excepciones.

1.8. Obligaciones laborales

Los trámites concretos de cada forma jurídica que deben ser realizados por los emprendedores ante las autoridades laborales se encuentran recogidos en el correspondiente epígrafe de este libro.

Respecto a la obligación fundamental, la de afiliación a la Seguridad Social, cabe indicar lo siguiente respecto a su régimen jurídico.

Obligatoriedad y alcance de la afiliación

La afiliación a la Seguridad Social es obligatoria para las personas que se exponen a continuación, y única para la vida de las mismas y para todo el sistema, sin perjuicio de las altas y bajas en los distintos regímenes que lo integran, así como de las demás variaciones que puedan producirse con posterioridad a la afiliación.

Estarán comprendidos en el Sistema de la Seguridad Social, a efectos de las prestaciones de modalidad contributiva, cualquiera que sea su sexo, estado civil y profesión, los españoles que residan en España y los extranjeros que residan o se encuentren legalmente en España, siempre que, en ambos supuestos, ejerzan su actividad en territorio nacional y estén incluidos en alguno de los apartados siguientes:

- Trabajadores por cuenta ajena que presten sus servicios en las condiciones establecidas por el artículo 1.1 del Estatuto de los Trabajadores en las distintas ramas de la actividad económica o asimilados a ellos, bien sean eventuales, de temporada o fijos, aun de trabajo discontinuo, e incluidos los trabajadores a distancia, y con independencia, en todos los casos, del grupo profesional del trabajador, de la forma y cuantía de la remuneración que perciba y de la naturaleza común o especial de su relación laboral.

- Trabajadores por cuenta propia o autónomos, sean o no titulares de empresas individuales o familiares, mayores de dieciocho años, que reúnan los requisitos que de modo expreso se determinen reglamentariamente.

- Socios trabajadores de cooperativas de trabajo asociado.

- Estudiantes.

A efectos de lo dispuesto en el apartado anterior, no tendrán la consideración de trabajadores por cuenta ajena, salvo prueba en contrario: el cónyuge, los descendientes, ascendientes y demás parientes del empresario, por consanguinidad o afinidad hasta el segundo grado inclusive y, en su caso, por adopción, ocupados en su centro o centros de trabajo, cuando convivan en su hogar y estén a su cargo.

Formas de practicarse la afiliación y las altas y bajas

- La afiliación podrá practicarse a petición de las personas y entidades obligadas a dicho acto, a instancia de los interesados o de oficio por la Administración de la Seguridad Social.

- Corresponderá a las personas y entidades que reglamentariamente se determinen, el cumplimiento de las obligaciones de solicitar la afiliación y de dar cuenta a los correspondientes organismos de la Administración de la Seguridad Social de los hechos determinantes de las altas, bajas y demás alteraciones a que se refiere el artículo anterior.

- Si las personas y entidades a quienes incumban tales obligaciones no las cumpliesen, podrán los interesados instar directamente su afiliación, alta o baja, sin perjuicio de que se hagan efectivas las responsabilidades en que aquellas hubieran incurrido, incluido, en su caso, el pago a su cargo de las prestaciones y de que se impongan las sanciones que sean procedentes.

- Tanto la afiliación como los trámites determinados por las altas, bajas y demás variaciones a que se refiere el artículo anterior podrán ser realizados de oficio por los correspondientes organismos de la Administración de la Seguridad Social cuando, a raíz de las actuaciones de los Servicios de Inspección o por cualquier otro procedimiento, se compruebe la inobservancia de dichas obligaciones.

Obligaciones de la Administración de la Seguridad Social y derecho a la información

- Los correspondientes organismos de la Administración de la Seguridad Social competentes en la materia mantendrán al día los datos relativos a las personas afiliadas.

- Los empresarios y los trabajadores tendrán derecho a ser informados por los correspondientes organismos de la Administración de la Seguridad Social acerca de los datos a ellos referentes que obren en los mismos. De igual derecho gozarán las personas que acrediten un interés personal y directo.

- A estos efectos, la Administración de la Seguridad Social informará a cada trabajador sobre su futuro derecho a la jubilación ordinaria a partir de la edad y con la periodicidad y contenido que reglamentariamente se determinen.

- No obstante, esta comunicación sobre los derechos a jubilación ordinaria que pudiera corresponder a cada trabajador se remitirá a efectos meramente informativos, sin que origine derechos ni expectativas de derechos a favor del trabajador o de terceros.

- Esta obligación corresponde también a los instrumentos de carácter complementario o alternativo que contemplen compromisos por jubilación tales como mutualidades de previsión social, mutualidades alternativas, planes de previsión social empresariales, planes de previsión asegurados, planes y fondos de pensiones y seguros individuales y colectivos de instrumentación de compromisos por pensiones de las empresas. La información deberá facilitarse con la misma periodicidad y en términos comparables y homogéneos con la suministrada por la Seguridad Social.

1.9. Registro público

Los registros públicos, fundamentalmente los Registros Civil, Mercantil y de la Propiedad, tienen por objeto conceder seguridad jurídica a aquellos derechos que en los mismos son inscritos, incrementando la seguridad de las actuaciones jurídicas y la agilidad de las transacciones legales. Asimismo, hacen públicos los derechos inscritos en ellos a las personas que acrediten un interés legítimo de acuerdo con lo previsto en la legislación aplicable.

1.9.1. Civil. Mercantil. Otros

Registro Civil

Naturaleza y contenido del Registro Civil.

- El Registro Civil es un registro público dependiente del Ministerio de Justicia. Todos los asuntos referentes al Registro Civil están encomendados a la Dirección General de los Registros y del Notariado.

- Los encargados del Registro Civil deben cumplir las órdenes, instrucciones, resoluciones y circulares del Ministerio de Justicia y de la Dirección General de los Registros y del Notariado.

- El Registro Civil tiene por objeto hacer constar oficialmente los hechos y actos que se refieren al estado civil de las personas y aquellos otros que se determinen legalmente.

- El contenido del Registro Civil está integrado por el conjunto de registros individuales de las personas físicas y por el resto de las inscripciones que se practiquen en el mismo.

Elementos definitorios del Registro Civil.

- El Registro Civil es único para toda España.

- El Registro Civil es electrónico. Los datos serán objeto de tratamiento automatizado y se integrarán en una base de datos única cuya estructura, organización y funcionamiento es competencia del Ministerio de Justicia conforme a la presente ley y a sus normas de desarrollo.

- Serán de aplicación al Registro Civil las medidas de seguridad establecidas en la normativa vigente en materia de protección de datos de carácter personal.

Registro individual.

- Cada persona tendrá un registro individual en el que constarán los hechos y actos relativos a la identidad, estado civil y demás circunstancias en los términos de la presente ley.

- El registro individual se abrirá con la inscripción de nacimiento o con el primer asiento que se practique.

- En dicho registro se inscribirán o anotarán, continuada, sucesiva y cronológicamente, todos los hechos y actos que tengan acceso al Registro Civil.

Código personal.

- A cada registro individual abierto con la primera inscripción que se practique se le asignará un código personal constituido por la secuencia alfanumérica que atribuya el sistema informático vigente para el documento nacional de identidad.

Competencias generales del Registro Civil.

- En el Registro Civil constarán los hechos y actos inscribibles que afectan a los españoles y los referidos a extranjeros, acaecidos en territorio español.

- Igualmente, se inscribirán los hechos y actos que hayan tenido lugar fuera de España, cuando las correspondientes inscripciones sean exigidas por el derecho español.

Registro Mercantil

Organización registral.

- La organización del Registro Mercantil, integrada por los Registros Mercantiles territoriales y por el Registro Mercantil Central, se halla bajo la dependencia del Ministerio de Justicia.

- Todos los asuntos relativos al Registro Mercantil estarán encomendados a la Dirección General de los Registros y del Notariado.

Hoja personal.

- El Registro Mercantil se llevará por el sistema de hoja personal.

Titulación pública.

- La inscripción en el Registro Mercantil se practicará en virtud de documento público.

- La inscripción solo podrá practicarse en virtud de documento privado en los casos expresamente prevenidos en las leyes y en este reglamento.

- En caso de documentos extranjeros, se estará a lo establecido por la legislación hipotecaria. También podrá acreditarse la existencia y válida constitución de empresarios inscritos, así como la vigencia del cargo y la suficiencia de las facultades de quienes los representan, mediante certificación, debidamente apostillada o legalizada, expedida por el funcionario competente del Registro público a que se refiere la Directiva del Consejo 68/151/CEE o de oficina similar en países respecto de los cuales no exista equivalencia institucional.

Legalidad.

- Los registradores calificarán bajo su responsabilidad la legalidad de las formas extrínsecas de los documentos de toda clase en cuya virtud se solicita la inscripción, así como la capacidad y legitimación de los que los otorguen o suscriban y la validez de su contenido, por lo que resulta de ellos y de los asientos del registro.

Legitimación.

- El contenido del registro se presume exacto y válido. Los asientos del registro están bajo la salvaguarda de los tribunales y producirán sus efectos mientras no se inscriba la declaración judicial de su inexactitud o nulidad.

- La inscripción no convalida los actos y contratos que sean nulos con arreglo a las leyes.

Publicidad formal.

- El Registro Mercantil es público y corresponde al registrador mercantil el tratamiento profesional del contenido de los asientos registrales, de modo que se haga efectiva su publicidad directa y se garantice, al mismo tiempo, la imposibilidad de su manipulación o televaciado.

- La publicidad se realizará mediante certificación o por medio de nota informativa de todos o alguno de los datos contenidos en el asiento respectivo, en la forma que determine el registrador.

- Los registradores mercantiles calificarán, bajo su responsabilidad, el cumplimiento de las normas vigentes en las solicitudes de publicidad en masa o que afecten a los datos personales reseñados en los asientos.

Registro de la Propiedad

El Registro de la Propiedad y de los títulos sujetos a inscripción.

El Registro de la Propiedad tiene por objeto la inscripción o anotación de los actos y contratos relativos al dominio y demás derechos reales sobre bienes inmuebles.

Las expresadas inscripciones o anotaciones se harán en el registro, en cuya circunscripción territorial radiquen los inmuebles.

Los asientos del registro practicados en los libros que se determinan legalmente en cuanto se refieran a los derechos inscribibles, están bajo la salvaguardia de los tribunales y producen todos sus efectos mientras no se declare su inexactitud en los términos establecidos en la Ley Hipotecaria.

Para que puedan ser inscritos los títulos previstos, deberán estar consignados en escritura pública, ejecutoria o documento auténtico exigido por la autoridad judicial o por el Gobierno o sus agentes, en la forma que prescriban los reglamentos.

También se inscribirán en el registro los títulos otorgados en país extranjero, que tengan fuerza en España con arreglo a las leyes, y las ejecutorias pronunciadas en tribunales extranjeros a que deba darse cumplimiento en España, con arreglo a la Ley de Enjuiciamiento Civil.

Los títulos referentes al mero o simple hecho de poseer no serán inscribibles.

Forma y efectos de la inscripción

La inscripción de los títulos en el registro podrá pedirse indistintamente:

- Por el que adquiera el derecho.

- Por el que lo transmita.

- Por quien tenga interés en asegurar el derecho que se deba inscribir.

- Por quien tenga la representación de cualquiera de ellos.

Cada finca tendrá, desde que se inscriba por primera vez, un número diferente y correlativo.

Las inscripciones que se refieran a una misma finca tendrán otra numeración correlativa y especial.

Toda inscripción que se haga en el registro expresará las circunstancias siguientes:

- La naturaleza, situación y linderos de los inmuebles objeto de la inscripción, o a los cuales afecte el derecho que deba inscribirse, y su medida superficial, nombre y número, si constasen, del título.

- Podrá completarse la identificación de la finca mediante la incorporación al título inscribible de una base gráfica o mediante su definición topográfica con arreglo a un sistema de coordenadas geográficas referido a las redes nacionales geodésicas y de nivelación en proyecto expedido por técnico competente. Los registradores dispondrán de aplicaciones informáticas para el tratamiento de bases gráficas que permitan su coordinación con las fincas registrales y la incorporación a estas de la calificación urbanística, medioambiental o administrativa correspondiente.

- La naturaleza, extensión y condiciones, suspensivas o resolutorias, si las hubiera, del derecho que se inscriba, y su valor cuando constara en el título.

- El derecho sobre el cual se constituya el que sea objeto de la inscripción.

- La persona natural o jurídica a cuyo favor se haga la inscripción.

- La persona de quien procedan inmediatamente los bienes o derechos que deban inscribirse.

- El título que se inscriba, su fecha, y el tribunal, juzgado, notario o funcionario que lo autorice.

- La fecha de presentación del título en el registro y la de la inscripción.

- La firma del registrador, que implicará la conformidad de la inscripción, con la copia del título de donde se hubiese tomado.

En la inscripción de los contratos en que haya mediado precio o entrega de metálico, se hará constar el que resulte del título, así como la forma en que se hubiese hecho o convenido el pago.

1.9.2. Obligaciones registrales

Registro Mercantil

El Registro Mercantil tiene por objeto:

- La inscripción de los empresarios y demás sujetos establecidos legalmente, y de los actos y contratos relativos a los mismos que así se determine.

- La legalización de los libros de los empresarios, el nombramiento de expertos independientes y de auditores de cuentas y el depósito y publicidad de los documentos contables.

- La centralización y publicación de la información registral, que será llevada a cabo por el Registro Mercantil Central en los términos previstos.

- La centralización y la publicación de la información de resoluciones concursales en la forma prevista en el Real Decreto 685/2005, de 10 de junio.

Obligatoriedad de la inscripción.

- La inscripción en el Registro Mercantil tendrá carácter obligatorio, salvo en los casos en que expresamente se disponga lo contrario.

- La falta de inscripción no podrá ser invocada por quien esté obligado a procurarla.

Registro Civil

Hechos y actos inscribibles.

Tienen acceso al Registro Civil los hechos y actos que se refieren a la identidad, estado civil y demás circunstancias de la persona. Son, por tanto, inscribibles:

- El nacimiento.

- La filiación.

- El nombre y los apellidos y sus cambios.

- El sexo y el cambio de sexo.

- La nacionalidad y la vecindad civil.

- La emancipación y el beneficio de la mayor edad.

- El matrimonio. La separación, nulidad y divorcio.

- El régimen económico matrimonial legal o pactado.

- Las relaciones paternofiliales y sus modificaciones.

- La modificación judicial de la capacidad de las personas, así como la que derive de la declaración de concurso de las personas físicas.

- La tutela, la curatela y demás representaciones legales y sus modificaciones.

- Los actos relativos a la constitución y régimen del patrimonio protegido de las personas con discapacidad.

- La autotutela y los apoderamientos preventivos.

- Las declaraciones de ausencia y fallecimiento.

- La defunción.

Registro de la Propiedad

En los Registros de la Propiedad se inscribirán:

- Los títulos traslativos o declarativos del dominio de los inmuebles o de los derechos reales impuestos sobre los mismos.

- Los títulos en que se constituyan, reconozcan, transmitan, modifiquen o extingan derechos de usufructo, uso, habitación, enfiteusis, hipoteca, censos, servidumbre y otros cualesquiera reales.

- Los actos y contratos en cuya virtud se adjudiquen a algunos bienes inmuebles o derechos reales, aunque sea con la obligación de transmitirlos a otro o de invertir su importe en objeto determinado.

- Las resoluciones judiciales en que se declare la incapacidad legal para administrar, la ausencia, el fallecimiento y cualesquiera otras por las que se modifique la capacidad civil de las personas en cuanto a la libre disposición de sus bienes.

- Los contratos de arrendamiento de bienes inmuebles, y los subarriendos, cesiones y subrogaciones de los mismos.

- Los títulos de adquisición de los bienes inmuebles y derechos reales que pertenezcan al Estado o a las corporaciones civiles o eclesiásticas, con sujeción a lo establecido en las leyes o reglamentos.

Por lo que se refiere al acceso a los datos que se hallan inscritos en el Registro Mercantil, la publicidad formal de los mismos se caracteriza por los siguientes aspectos:

Certificaciones

- La facultad de certificar de los asientos del registro corresponderá exclusivamente a los registradores mercantiles.

- Los registradores podrán asimismo certificar de los documentos archivados o depositados en el registro.

- La certificación será el único medio de acreditar fehacientemente el contenido de los asientos del registro.

- Las certificaciones deberán solicitarse mediante escrito entregado directamente, enviado por correo o trasmitido por telecopia u otro procedimiento similar, debiendo el registrador, en estos últimos casos, remitir por correo la certificación solicitada.

- Las certificaciones que se expidan a instancia de autoridad judicial o administrativa se extenderán o iniciarán en el mismo documento en que se soliciten.

- Las certificaciones podrán ser actualizadas, a petición del interesado, por otras extendidas a continuación.

- Las certificaciones, debidamente firmadas por el registrador, se expedirán en el plazo de cinco días, contados desde la fecha en que se presente su solicitud.

- Las certificaciones de asientos concisos deberán comprender la parte del extenso a que se remitan, de modo que aquellas acrediten por sí solas el contenido del registro.

Nota informativa

- La nota simple informativa, de todo o parte del contenido de los asientos del registro, se expedirá por el registrador con indicación del número de hojas y de la fecha en que se extienden, y llevará su sello.

- Las notas se expedirán en el plazo de tres días desde su solicitud.

Consulta por ordenador

- Los registradores mercantiles facilitarán a los interesados la consulta de los datos relativos al contenido esencial de los asientos por medio de terminales de ordenador instalados a tal efecto en la oficina del registro.

Protección de datos

Ha de destacarse la publicación de la Ley Orgánica 3/2018, de 5 de diciembre, de Protección de Datos Personales y garantía de los derechos digitales.

Principios y licitud del tratamiento de datos de carácter personal

Los datos personales serán:

- Tratados de manera lícita, leal y transparente en relación con el interesado («licitud, lealtad y transparencia»).

- Recogidos con fines determinados, explícitos y legítimos, y no serán tratados ulteriormente de manera incompatible con dichos fines; de acuerdo con el artículo 89, apartado 1 del RGPD, el tratamiento ulterior de los datos personales con fines de archivo en interés público, fines de investigación científica e histórica o fines estadísticos no se considerará incompatible con los fines iniciales («limitación de la finalidad»).

- Adecuados, pertinentes y limitados a lo necesario en relación con los fines para los que son tratados («minimización de datos»).

- Exactos y, si fuera necesario, actualizados; se adoptarán todas las medidas razonables para que se supriman o rectifiquen sin dilación los datos personales que sean inexactos con respecto a los fines para los que se tratan («exactitud»).

- Mantenidos de forma que se permita la identificación de los interesados durante no más tiempo del necesario para los fines del tratamiento de los datos personales; los datos personales podrán conservarse durante períodos más largos siempre que se traten exclusivamente con fines de archivo en interés público, fines de investigación científica o histórica o fines estadísticos, de conformidad con el artículo 89, apartado 1, sin perjuicio de la aplicación de las medidas técnicas y organizativas apropiadas que impone el presente reglamento a fin de proteger los derechos y libertades del interesado («limitación del plazo de conservación»).

- Tratados de tal manera que se garantice una seguridad adecuada de los datos personales, incluida la protección contra el tratamiento no autorizado o ilícito y contra su pérdida, destrucción o daño accidental, mediante la aplicación de medidas técnicas u organizativas apropiadas («integridad y confidencialidad»).

El responsable del tratamiento será responsable del cumplimiento de lo dispuesto en los puntos anteriores y capaz de demostrarlo («responsabilidad proactiva»).

El tratamiento solo será lícito si se cumple al menos una de las siguientes condiciones:

- El interesado dio su consentimiento para el tratamiento de sus datos personales para uno o varios fines específicos.

- El tratamiento es necesario para la ejecución de un contrato en el que el interesado es parte o para la aplicación a petición de este de medidas precontractuales.

- El tratamiento es necesario para el cumplimiento de una obligación legal aplicable al responsable del tratamiento.

- El tratamiento es necesario para proteger intereses vitales del interesado o de otra persona física.

- El tratamiento es necesario para el cumplimiento de una misión realizada en interés público o en el ejercicio de poderes públicos conferidos al responsable del tratamiento.

- El tratamiento es necesario para la satisfacción de intereses legítimos perseguidos por el responsable del tratamiento o por un tercero, siempre que sobre dichos intereses no prevalezcan los intereses o los derechos y libertades fundamentales del interesado que requieran la protección de datos personales, en particular cuando el interesado sea un niño.

- Ello excepto si se refiere al tratamiento realizado por las autoridades públicas en el ejercicio de sus funciones.

Consentimiento del interesado

Cuando el tratamiento se base en el consentimiento del interesado, el responsable deberá ser capaz de demostrar que aquel consintió el tratamiento de sus datos personales:

- El tratamiento de los datos personales de un menor de edad únicamente podrá fundarse en su consentimiento cuando sea mayor de catorce años.

- Se exceptúan los supuestos en que la ley exija la asistencia de los titulares de la patria potestad o tutela para la celebración del acto o negocio jurídico en cuyo contexto se recaba el consentimiento para el tratamiento. El tratamiento de los datos de los menores de catorce años, fundado en el consentimiento, solo será lícito si consta el del titular de la patria potestad o tutela, con el alcance que determinen los titulares de la patria potestad o tutela.

- El responsable del tratamiento hará esfuerzos razonables para verificar en tales casos que el consentimiento fue dado o autorizado por el titular de la patria potestad o tutela sobre el niño, teniendo en cuenta la tecnología disponible.

- El primer punto no afectará a las disposiciones generales del derecho contractual de los Estados miembros, como las normas relativas a la validez, formación o efectos de los contratos en relación con un niño.

Si el consentimiento del interesado se da en el contexto de una declaración escrita que también se refiera a otros asuntos, la solicitud de consentimiento se presentará de tal forma que se distinga claramente de los demás asuntos, de forma inteligible y de fácil acceso y utilizando un lenguaje claro y sencillo. No será vinculante ninguna parte de la declaración que constituya infracción del reglamento.

El interesado tendrá derecho a retirar su consentimiento en cualquier momento. La retirada del consentimiento no afectará a la licitud del tratamiento basada en el consentimiento previo a su retirada. Antes de dar su consentimiento, el interesado será informado de ello. Será tan fácil retirar el consentimiento como darlo.

Al evaluar si el consentimiento se ha dado libremente, se tendrá en cuenta en la mayor medida posible el hecho de si, entre otras cosas, la ejecución de un contrato, incluida la prestación de un servicio, se supedita al consentimiento al tratamiento de datos personales que no son necesarios para la ejecución de dicho contrato.

Información y acceso a los datos personales

Cuando se obtengan de un interesado datos personales relativos a él, el responsable del tratamiento, en el momento en que estos se obtengan, le facilitará toda la información indicada a continuación:

- La identidad y los datos de contacto del responsable y, en su caso, de su representante.

- Los datos de contacto del delegado de protección de datos, en su caso.

- Los fines del tratamiento a que se destinan los datos personales y la base jurídica del tratamiento.

- Cuando el tratamiento se base en el artículo 6, apartado 1, letra f) del RGPD, los intereses legítimos del responsable o de un tercero.

- Los destinatarios o las categorías de destinatarios de los datos personales, en su caso.

- En su caso, la intención del responsable de transferir datos personales a un tercer país u organización internacional y la existencia o ausencia de una decisión de adecuación de la Comisión, o, en el caso de las transferencias indicadas en los artículos 46 o 47 o el artículo 49, apartado 1, párrafo segundo del RGPD, referencia a las garantías adecuadas o apropiadas y a los medios para obtener una copia de estas o al hecho de que se hayan prestado.

Además de la información mencionada previamente, el responsable del tratamiento facilitará al interesado, en el momento en que se obtengan los datos personales, la siguiente información necesaria para garantizar un tratamiento de datos leal y transparente:

- El plazo durante el cual se conservarán los datos personales o, cuando no sea posible, los criterios utilizados para determinar este plazo.

- La existencia del derecho a solicitar al responsable del tratamiento el acceso a los datos personales relativos al interesado, y su rectificación o supresión, o la limitación de su tratamiento, o a oponerse al tratamiento, así como el derecho a la portabilidad de los datos.

- Cuando el tratamiento esté basado en el artículo 6, apartado 1, letra a), o el artículo 9, apartado 2, letra a) del RGPD, la existencia del derecho a retirar el consentimiento en cualquier momento, sin que ello afecte a la licitud del tratamiento basado en el consentimiento previo a su retirada.

- El derecho a presentar una reclamación ante una autoridad de control.

- Si la comunicación de datos personales es un requisito legal o contractual, o un requisito necesario para suscribir un contrato, y si el interesado está obligado a facilitar los datos personales y está informado de las posibles consecuencias de no facilitar tales datos.

- La existencia de decisiones automatizas, incluida la elaboración de perfiles, a que se refiere el artículo 22, apartados 1 y 4 del RGPD, y, al menos en tales casos, información significativa sobre la lógica aplicada, así como la importancia y las consecuencias previstas de dicho tratamiento para el interesado.

Cuando el responsable del tratamiento proyecte el tratamiento ulterior de datos personales para un fin que no sea aquel para el que se recogieron, proporcionará al interesado, con anterioridad a dicho tratamiento ulterior, información sobre ese otro fin y cualquier información adicional pertinente.

Las disposiciones de los párrafos anteriores no serán aplicables cuando y en la medida en que el interesado ya disponga de la información.

Actividades de comprobación

1.1. ¿Qué tipos de empresas existen de acuerdo a la titularidad de su capital social?

1.2. ¿A qué se denomina TRADE o trabajador autónomo dependiente económicamente?

1.3. ¿Cómo se llaman las partes en las que se divide el capital de una sociedad limitada y una sociedad anónima?

1.4. ¿Qué tipos de juntas de accionistas pueden desarrollar la sociedad anónima?

1.5. Existen unos límites al número de horas-año que pueden ser trabajadas por los trabajadores no socios en las sociedades laborales. ¿Cuáles son?

1.6. ¿A quién corresponde la facultad de certificar las actas y los acuerdos de los órganos colegiados de las sociedades mercantiles?

1.7. ¿En qué consiste el principio contable del devengo?

1.8. ¿A qué se denomina auditoría de cuentas?

1.9. Indica los elementos definitorios del Registro Civil.

1.10. ¿Cuál es el objeto del Registro Mercantil?

Actividades prácticas

1.1. Te planteas ser trabajador autónomo, expón los principales inconvenientes que esa forma jurídica representa y las medidas que puedes adoptar para disminuirlos.

1.2. Sois cuatro socios que decidís crear una nueva empresa, indica la diferencia que, para vosotros, representaría crear una S. L. o una S. L. L. ¿Qué ventajas e inconvenientes tendría optar por la S. L. L.?

1.3. Consulta las páginas web relativas a los Registros de la Propiedad y Mercantiles y analiza los servicios que se prestan a ciudadanos y emprendedores.

2. Contratación de la empresa con organizaciones y Administraciones públicas

Contenido

Para un emprendedor es muy importante conocer el procedimiento de contratación con el sector público, dado que se trata de una oportunidad de negocio que debe ser tenida en cuenta en el momento de determinar los clientes a los que ofrecer sus bienes y servicios. Debe tenerse presente la existencia de una legislación que detalla de manera precisa la forma de desarrollarse el proceso de contratación, cuyos aspectos fundamentales se exponen a continuación.

2.1. Legislación aplicable a los procesos de contratación pública

La Ley 9/2017, de 8 de noviembre, de Contratos del Sector Público, por la que se transponen al ordenamiento jurídico español las Directivas del Parlamento Europeo y del Consejo 2014/23/UE y 2014/24/UE, de 26 de febrero de 2014 (LCSP), es la norma fundamental en esta materia.

Objeto y finalidad

La LCSP tiene por objeto regular la contratación del sector público, a fin de garantizar que la misma se ajusta a los principios de libertad de acceso a las licitaciones, publicidad y transparencia de los procedimientos, y no discriminación e igualdad de trato entre los licitadores, y de asegurar, en conexión con el objetivo de estabilidad presupuestaria y control del gasto y el principio de integridad, una eficiente utilización de los fondos destinados a la realización de obras, la adquisición de bienes y la contratación de servicios mediante la exigencia de la definición previa de las necesidades que satisfacer, la salvaguarda de la libre competencia y la selección de la oferta económicamente más ventajosa.

Es igualmente objeto de la LCSP la regulación del régimen jurídico aplicable a los efectos, cumplimiento y extinción de los contratos administrativos, en atención a los fines institucionales de carácter público que a través de los mismos se tratan de realizar.

En toda contratación pública se incorporarán, de manera transversal y preceptiva, criterios sociales y medioambientales siempre que guarden relación con el objeto del contrato, en la convicción de que su inclusión proporciona una mejor relación calidad-precio en la prestación contractual, así como una mayor y mejor eficiencia en la utilización de los fondos públicos. Igualmente, se facilitará el acceso a la contratación pública de las pequeñas y medianas empresas, así como de las empresas de economía social.

Ámbito de aplicación

Son contratos del sector público y, en consecuencia, están sometidos a la LCSP, en la forma y términos previstos en la misma, los contratos onerosos, cualquiera que sea su naturaleza jurídica, que celebren las entidades enumeradas en el apartado «Ámbito subjetivo».

Se entenderá que un contrato tiene carácter oneroso en los casos en que el contratista obtenga algún tipo de beneficio económico, ya sea de forma directa o indirecta.

Están también sujetos a la LCSP, en los términos que en ella se señalan, los contratos subvencionados por entidades que tengan la consideración de poderes adjudicadores que celebren otras personas físicas o jurídicas en los supuestos previstos en el artículo 23 de la LCSP relativo a los contratos subvencionados sujetos a una regulación armonizada.

La aplicación de la LCSP a los contratos que celebren las comunidades autónomas y las entidades que integran la Administración local o los organismos dependientes de las mismas, así como a los contratos subvencionados por cualquiera de estas entidades, se efectuará en los términos previstos en la disposición final primera de la LCSP relativa a los títulos competenciales.

A los efectos de identificar las prestaciones que son objeto de los contratos regulados en la LCSP, se utilizará el «Vocabulario común de contratos públicos», aprobado por el Reglamento (CE) n.º 2195/2002 del Parlamento Europeo y del Consejo, de 5 de noviembre de 2002, por el que se aprueba el Vocabulario común de contratos públicos (CPV), o normativa comunitaria que le sustituya.

Ámbito subjetivo

A los efectos de la LCSP, se considera que forman parte del sector público los siguientes entes, organismos y entidades:

a) La Administración General del Estado, las Administraciones de las comunidades autónomas, las ciudades autónomas de Ceuta y Melilla y las entidades que integran la Administración local.

b) Las Entidades Gestoras y los Servicios Comunes de la Seguridad Social.

c) Los organismos autónomos, las universidades públicas y las autoridades administrativas independientes.

d) Los consorcios dotados de personalidad jurídica propia a los que se refiere la Ley 40/2015, de 1 de octubre, de Régimen Jurídico del Sector Público, y la legislación de régimen local, así como los consorcios regulados por la legislación aduanera.

e) Las fundaciones públicas. A efectos de la LCSP, se entenderá por fundaciones públicas aquellas que reúnan alguno de los siguientes requisitos:

1.º Que se constituyan de forma inicial con una aportación mayoritaria, directa o indirecta, de una o varias entidades integradas en el sector público, o bien reciban dicha aportación con posterioridad a su constitución.

2.º Que el patrimonio de la fundación esté integrado en más de un 50 % por bienes o derechos aportados o cedidos por sujetos integrantes del sector público con carácter permanente.

3.º Que la mayoría de derechos de voto en su patronato corresponda a representantes del sector público.

f) Las mutuas colaboradoras con la Seguridad Social.

g) Las Entidades Públicas Empresariales a las que se refiere la Ley 40/2015, de 1 de octubre, de Régimen Jurídico del Sector Público, y cualesquiera entidades de derecho público con personalidad jurídica propia vinculadas a un sujeto que pertenezca al sector público o dependientes del mismo.

h) Las sociedades mercantiles en cuyo capital social la participación, directa o indirecta, de entidades de las mencionadas en las letras a), b), c), d), e), g) y h) del presente apartado sea superior al 50 %, o, en los casos en que, sin superar ese porcentaje, se encuentre respecto de las referidas entidades en el supuesto previsto en el artículo 5 del texto refundido de la Ley del Mercado de Valores, aprobado por Real Decreto Legislativo 4/2015, de 23 de octubre.

i) Los fondos sin personalidad jurídica.

j) Cualesquiera entidades con personalidad jurídica propia, que hayan sido creadas específicamente para satisfacer necesidades de interés general que no tengan carácter industrial o mercantil, siempre que uno o varios sujetos pertenecientes al sector público financien mayoritariamente su actividad, controlen su gestión, o nombren a más de la mitad de los miembros de su órgano de administración, dirección o vigilancia.

k) Las asociaciones constituidas por las entidades mencionadas en las letras anteriores.

l) A los efectos de la LCSP, se entiende que también forman parte del sector público las Diputaciones Forales y las Juntas Generales de los Territorios Históricos del País Vasco en lo que respecta a su actividad de contratación.

1. Dentro del sector público, y a los efectos de la LCSP, tendrán la consideración de Administraciones públicas las siguientes entidades:

   a) Las mencionadas en las letras a), b), c), y l) del apartado primero del presente epígrafe.

   b) Los consorcios y otras entidades de derecho público, en las que, dándose las circunstancias establecidas en la letra d) del apartado siguiente para poder ser considerados poder adjudicador y estando vinculados a una o varias Administraciones públicas o dependientes de las mismas, no se financien mayoritariamente con ingresos de mercado. Se entiende que se financian mayoritariamente con ingresos de mercado cuando tengan la consideración de productor de mercado de conformidad con el Sistema Europeo de Cuentas.

2. Se considerarán poderes adjudicadores, a efectos de la LCSP, las siguientes entidades:

   a) Las Administraciones públicas.

   b) Las fundaciones públicas.

   c) Las mutuas colaboradoras con la Seguridad Social.

   d) Todas las demás entidades con personalidad jurídica propia distintas de las expresadas en las letras anteriores que hayan sido creadas específicamente para satisfacer necesidades de interés general que no tengan carácter industrial o mercantil, siempre que uno o varios sujetos que deban considerarse poder adjudicador, de acuerdo con los criterios de este apartado 3, bien financien mayoritariamente su actividad, bien controlen su gestión, o bien nombren a más de la mitad de los miembros de su órgano de administración, dirección o vigilancia.

   e) Las asociaciones constituidas por las entidades mencionadas en las letras anteriores.

Los partidos políticos, en el sentido definido en el artículo 1 de la Ley Orgánica 8/2007, de Financiación de los Partidos Políticos, así como las organizaciones sindicales reguladas en la Ley Orgánica 11/1985, de 2 de agosto, de Libertad Sindical, y las organizaciones empresariales y asociaciones profesionales a las que se refiere la Ley 19/1977, de 1 de abril, sobre regulación del derecho de asociación sindical, además de las fundaciones y asociaciones vinculadas a cualquiera de ellos, cuando cumplan los requisitos para ser poder adjudicador de acuerdo con la letra d) del apartado 3 del presente epígrafe, y respecto de los contratos sujetos a regulación armonizada, deberán actuar conforme a los principios de publicidad, concurrencia, transparencia, igualdad y no discriminación sin perjuicio del respeto a la autonomía de la voluntad y de la confidencialidad cuando sea procedente.

Los sujetos obligados deberán aprobar unas instrucciones internas en materia de contratación que se adecuarán a lo previsto en el párrafo anterior y a la normativa comunitaria, y que deberán ser informadas antes de su aprobación por el órgano al que corresponda su asesoramiento jurídico. Estas instrucciones deberán publicarse en sus respectivas páginas web.

Asimismo, quedarán sujetos a la LCSP las corporaciones de derecho público cuando cumplan los requisitos para ser poder adjudicador.

2.2. Partes del contrato

Competencia para contratar

La representación de las entidades del sector público en materia contractual corresponde a los órganos de contratación, unipersonales o colegiados, que, en virtud de norma legal o reglamentaria o disposición estatutaria, tengan atribuida la facultad de celebrar contratos en su nombre.

Los órganos de contratación podrán delegar o desconcentrar sus competencias y facultades en esta materia con cumplimiento de las normas y formalidades aplicables en cada caso para la delegación o desconcentración de competencias, en el caso de que se trate de órganos administrativos, o para el otorgamiento de poderes, cuando se trate de órganos societarios o de una fundación.

Responsable del contrato

Con independencia de la unidad encargada del seguimiento y ejecución ordinaria del contrato que figure en los pliegos, los órganos de contratación deberán designar un responsable del contrato al que corresponderá supervisar su ejecución, adoptar las decisiones y dictar las instrucciones necesarias con el fin de asegurar la correcta realización de la prestación pactada, dentro del ámbito de facultades que aquellos le atribuyan. El responsable del contrato podrá ser una persona física o jurídica, vinculada a la entidad contratante o ajena a ella.

En los contratos de obras, las facultades del responsable del contrato serán ejercidas por el director facultativo conforme con lo dispuesto en los artículos 237 a 246 de la LCSP.

En los casos de concesiones de obra pública y de concesiones de servicios, la Administración designará a una persona que actúe en defensa del interés general, para obtener y para verificar el cumplimiento de las obligaciones del concesionario, especialmente en lo que se refiere a la calidad en la prestación del servicio o de la obra.

Perfil de contratante

Los órganos de contratación difundirán exclusivamente a través de internet su perfil de contratante, como elemento que agrupa la información y documentos relativos a su actividad contractual al objeto de asegurar la transparencia y el acceso público a los mismos. La forma de acceso al perfil de contratante deberá hacerse constar en los pliegos y documentos equivalentes, así como en los anuncios de licitación en todos los casos. La difusión del perfil de contratante no obstará la utilización de otros medios de publicidad adicionales en los casos en que así se establezca.

El acceso a la información del perfil de contratante será libre, no requiriendo identificación previa. No obstante, podrá requerirse esta para el acceso a servicios personalizados asociados al contenido del perfil de contratante tales como suscripciones, envío de alertas, comunicaciones electrónicas y envío de ofertas, entre otras. Toda la información contenida en los perfiles de contratante se publicará en formatos abiertos y reutilizables, y permanecerá accesible al público durante un periodo de tiempo no inferior a 5 años, sin perjuicio de que se permita el acceso a expedientes anteriores ante solicitudes de información.

El perfil de contratante podrá incluir cualesquiera datos y documentos referentes a la actividad contractual de los órganos de contratación. En cualquier caso, deberá contener tanto la información de tipo general que puede utilizarse para relacionarse con el órgano de contratación como puntos de contacto, números de teléfono y de fax, dirección postal y dirección electrónica, informaciones, anuncios y documentos generales, tales como las instrucciones internas de contratación y modelos de documentos, así como la información particular relativa a los contratos que celebre.

Capacidad y solvencia del empresario

Condiciones de aptitud

Solo podrán contratar con el sector público las personas naturales o jurídicas, españolas o extranjeras, que tengan plena capacidad de obrar, no estén incursas en alguna prohibición de contratar, y acrediten su solvencia económica y financiera, y técnica o profesional o, en los casos en que así lo exija la LCSP, se encuentren debidamente clasificadas.

Cuando, por así determinarlo la normativa aplicable, se le requirieran al contratista determinados requisitos relativos a su organización, destino de sus beneficios, sistema de financiación u otros para poder participar en el correspondiente procedimiento de adjudicación, estos deberán ser acreditados por el licitador al concurrir en el mismo.

Los contratistas deberán contar, asimismo, con la habilitación empresarial o profesional que, en su caso, sea exigible para la realización de las prestaciones que constituyan el objeto del contrato.

En los contratos subvencionados a que se refiere el artículo 23 de la LCSP, el contratista deberá acreditar su solvencia y no podrá estar incurso en la prohibición de contratar a que se refiere la letra a) del apartado 1 del artículo 71 de la LCSP.

Condiciones especiales de compatibilidad

El órgano de contratación tomará las medidas adecuadas para garantizar que la participación en la licitación de las empresas que hubieran participado, previamente en la elaboración de las especificaciones técnicas o de los documentos preparatorios del contrato o hubieran asesorado al órgano de contratación durante la preparación del procedimiento de contratación, no falsee la competencia. Entre esas medidas podrá llegar a establecerse que las citadas empresas, y las empresas a ellas vinculadas, entendiéndose por tales las que se encuentren en alguno de los supuestos previstos en el artículo 42 del Código de Comercio, puedan ser excluidas de dichas licitaciones, cuando no haya otro medio de garantizar el cumplimiento del principio de igualdad de trato.

En todo caso, antes de proceder a la exclusión del candidato o licitador que participó en la preparación del contrato, deberá dársele audiencia para que justifique que su participación en la fase preparatoria no puede tener el efecto de falsear la competencia o de dispensarle un trato privilegiado con respecto al resto de las empresas licitadoras.

Entre las medidas a las que se refiere el primer párrafo del presente apartado, se encontrarán la comunicación a los demás candidatos o licitadores de la información intercambiada en el marco de la participación en la preparación del procedimiento de contratación o como resultado de ella, y el establecimiento de plazos adecuados para la presentación de ofertas.

Los contratos que tengan por objeto la vigilancia, supervisión, control y dirección de la ejecución de cualesquiera contratos, así como la coordinación en materia de seguridad y salud, no podrán adjudicarse a las mismas empresas adjudicatarias de los correspondientes contratos, ni a las empresas a estas vinculadas, en el sentido establecido en el apartado anterior.

Normas especiales sobre capacidad

Personas jurídicas

Las personas jurídicas solo podrán ser adjudicatarias de contratos cuyas prestaciones estén comprendidas dentro de los fines, objeto o ámbito de actividad que, a tenor de sus estatutos o reglas fundacionales, les sean propios.

Quienes concurran individual o conjuntamente con otros en la licitación de una concesión de obras o de servicios podrán hacerlo con el compromiso de constituir una sociedad que será la titular de la concesión. La constitución y, en su caso, la forma de la sociedad, deberán ajustarse a lo que establezca, para determinados tipos de concesiones, la correspondiente legislación específica.

Uniones de empresarios

Podrán contratar con el sector público las uniones de empresarios que se constituyan temporalmente al efecto, sin que sea necesaria la formalización de las mismas en escritura pública hasta que se haya efectuado la adjudicación del contrato a su favor.

Cuando, en el ejercicio de sus funciones, la mesa de contratación o, en su defecto, el órgano de contratación, apreciaran posibles indicios de colusión entre empresas que concurran agrupadas en una unión temporal, los mismos requerirán a estas empresas para que, dándoles plazo suficiente, justifiquen de forma expresa y motivada las razones para concurrir agrupadas.

Cuando la mesa o el órgano de contratación, considerando la justificación efectuada por las empresas, estimase que existen indicios fundados de colusión entre ellas, los trasladará a la Comisión Nacional de los Mercados y la Competencia o, en su caso, a la autoridad de competencia autonómica correspondiente, a efectos de que, previa sustanciación del procedimiento sumarísimo a que se refiere el artículo 150.1, tercer párrafo de la LCSP, se pronuncie sobre aquellos.

Los empresarios que concurran agrupados en uniones temporales quedarán obligados solidariamente y deberán nombrar un representante o apoderado único de la unión con poderes bastantes para ejercitar los derechos y cumplir las obligaciones que del contrato se deriven hasta la extinción del mismo, sin perjuicio de la existencia de poderes mancomunados que puedan otorgar para cobros y pagos de cuantía significativa.

A efectos de la licitación, los empresarios que deseen concurrir integrados en una unión temporal deberán indicar los nombres y circunstancias de los que la constituyan y la participación de cada uno, así como que asumen el compromiso de constituirse formalmente en unión temporal en caso de resultar adjudicatarios del contrato.

La duración de las uniones temporales de empresarios será coincidente, al menos, con la del contrato hasta su extinción.

Para los casos en que sea exigible la clasificación y concurran en la unión empresarios nacionales, extranjeros que no sean nacionales de un Estado miembro de la Unión Europea ni de un Estado signatario del Acuerdo sobre el Espacio Económico Europeo y extranjeros que sean nacionales de un Estado miembro de la Unión Europea o de un Estado signatario del Acuerdo sobre el Espacio Económico Europeo, los que pertenezcan a los dos primeros grupos deberán acreditar su clasificación, y estos últimos su solvencia económica, financiera y técnica o profesional.

Prohibiciones de contratar

No podrán contratar con las entidades previstas en el artículo 3 de la LCSP con los efectos establecidos en el artículo 73 de la LCSP, las personas en quienes concurra alguna de las siguientes circunstancias:

a) Haber sido condenadas mediante sentencia firme por delitos de terrorismo, constitución o integración de una organización o grupo criminal, asociación ilícita, financiación ilegal de los partidos políticos, trata de seres humanos, corrupción en los negocios, tráfico de influencias, cohecho, fraudes, delitos contra la Hacienda Pública y la Seguridad Social, delitos contra los derechos de los trabajadores, prevaricación, malversación, negociaciones prohibidas a los funcionarios, blanqueo de capitales, delitos relativos a la ordenación del territorio y el urbanismo, la protección del patrimonio histórico y el medio ambiente, o a la pena de inhabilitación especial para el ejercicio de profesión, oficio, industria o comercio.

La prohibición de contratar alcanzará a las personas jurídicas que sean declaradas penalmente responsables, y a aquellas cuyos administradores o representantes, lo sean de hecho o de derecho, vigente su cargo o representación y hasta su cese, se encontraran en la situación mencionada en este apartado.

b) Haber sido sancionadas con carácter firme por infracción grave en materia profesional que ponga en entredicho su integridad, de disciplina de mercado, de falseamiento de la competencia, de integración laboral y de igualdad de oportunidades y no discriminación de las personas con discapacidad, o de extranjería, de conformidad con lo establecido en la normativa vigente; o por infracción muy grave en materia medioambiental, de conformidad con lo establecido en la normativa vigente, o por infracción muy grave en materia laboral o social, de acuerdo con lo dispuesto en el texto refundido de la Ley sobre Infracciones y Sanciones en el Orden Social, aprobado por el Real Decreto Legislativo 5/2000, de 4 de agosto, así como por la infracción grave prevista en el artículo 22.2 del citado texto.

c) Haber solicitado la declaración de concurso voluntario, haber sido declaradas insolventes en cualquier procedimiento, hallarse declaradas en concurso, salvo que en este haya adquirido eficacia un convenio o se haya iniciado un expediente de acuerdo extrajudicial de pagos, estar sujetos a intervención judicial o haber sido inhabilitados conforme a la Ley 22/2003, de 9 de julio, Concursal, sin que haya concluido el periodo de inhabilitación fijado en la sentencia de calificación del concurso.

d) No hallarse al corriente en el cumplimiento de las obligaciones tributarias o de Seguridad Social impuestas por las disposiciones vigentes, en los términos que reglamentariamente se determinen; o, en el caso de empresas de 50 o más trabajadores, no cumplir el requisito de que al menos el 2 % de sus empleados sean trabajadores con discapacidad, de conformidad con el artículo 42 del Real Decreto Legislativo 1/2013, de 29 de noviembre, por el que se aprueba el texto refundido de la Ley General de derechos de las personas con discapacidad y de su inclusión social, en las condiciones que reglamentariamente se determinen; o, en el caso de empresas de más de 250 trabajadores, no cumplir con la obligación de contar con un plan de igualdad conforme a lo dispuesto en el artículo 45 de la Ley Orgánica 3/2007, de 22 de marzo, para la igualdad de mujeres y hombres.

En relación con el cumplimiento de sus obligaciones tributarias o con la Seguridad Social, se considerará que las empresas se encuentran al corriente en el mismo cuando las deudas estén aplazadas, fraccionadas o se hubiera acordado su suspensión con ocasión de la impugnación de tales deudas.

La acreditación del cumplimiento de la cuota de reserva de puestos de trabajo del 2 % para personas con discapacidad y de la obligación de contar con un plan de igualdad a que se refiere el primer párrafo de esta letra se hará mediante la presentación de la declaración responsable a que se refiere el artículo 140 de la LCSP.

No obstante lo dispuesto en el párrafo anterior, el Consejo de Ministros, mediante real decreto, podrá establecer una forma alternativa de acreditación que, en todo caso, será bien mediante certificación del órgano administrativo correspondiente, con vigencia mínima de seis meses, o bien mediante certificación del correspondiente Registro de Licitadores, en los casos en que dicha circunstancia figure inscrita en el mismo.

e) Haber incurrido en falsedad al efectuar la declaración responsable a que se refiere el artículo 140 o al facilitar cualesquiera otros datos relativos a su capacidad y solvencia, o haber incumplido, por causa que le sea imputable, la obligación de comunicar la información prevista en el artículo 82.4 y en el artículo 343.1 de la LCSP.

f) Estar afectado por una prohibición de contratar impuesta en virtud de sanción administrativa firme, con arreglo a lo previsto en la Ley 38/2003, de 17 de noviembre, General de Subvenciones, o en la Ley 58/2003, de 17 de diciembre, General Tributaria.

La presente causa de prohibición de contratar dejará de aplicarse cuando el órgano de contratación, en aplicación de lo dispuesto en el artículo 72.1 de la LCSP, compruebe que la empresa ha cumplido sus obligaciones de pago o ha celebrado un acuerdo vinculante con vistas al pago de las cantidades adeudadas, incluidos, en su caso, los intereses acumulados o las multas impuestas.

g) Estar incursa la persona física o los administradores de la persona jurídica en alguno de los supuestos de la Ley 3/2015, de 30 de marzo, reguladora del ejercicio del alto cargo de la Administración General del Estado o las respectivas normas de las comunidades autónomas, de la Ley 53/1984, de 26 de diciembre, de Incompatibilidades del Personal al Servicio de las Administraciones públicas o tratarse de cualquiera de los cargos electivos regulados en la Ley Orgánica 5/1985, de 19 de junio, del Régimen Electoral General, en los términos establecidos en la misma.

La prohibición alcanzará a las personas jurídicas en cuyo capital participen, en los términos y cuantías establecidas en la legislación citada, el personal y los altos cargos a que se refiere el párrafo anterior, así como los cargos electos al servicio de las mismas.

La prohibición se extiende igualmente, en ambos casos, a los cónyuges, personas vinculadas con análoga relación de convivencia afectiva, ascendientes y descendientes, así como a parientes en segundo grado por consanguineidad o afinidad de las personas a que se refieren los párrafos anteriores, cuando se produzca conflicto de intereses con el titular del órgano de contratación o los titulares de los órganos en que se hubiere delegado la facultad para contratar o los que ejerzan la sustitución del primero.

h) Haber contratado a personas respecto de las que se haya publicado en el Boletín Oficial del Estado el incumplimiento a que se refiere el artículo 15.1 de la Ley 3/2015, de 30 de marzo, reguladora del ejercicio del alto cargo de la Administración General del Estado o en las respectivas normas de las comunidades autónomas, por haber pasado a prestar servicios en empresas o sociedades privadas directamente relacionadas con las competencias del cargo desempeñado durante los dos años siguientes a la fecha de cese en el mismo. La prohibición de contratar se mantendrá durante el tiempo que permanezca dentro de la organización de la empresa la persona contratada con el límite máximo de dos años a contar desde el cese como alto cargo.

Además de las previstas en el apartado anterior, son circunstancias que impedirán a los empresarios contratar con las entidades comprendidas en el artículo 3 de la LCSP, en las condiciones establecidas en el artículo 73 de la citada norma, las siguientes:

a) Haber retirado indebidamente su proposición o candidatura en un procedimiento de adjudicación, o haber imposibilitado la adjudicación del contrato a su favor por no cumplimentar lo establecido en el apartado 2 del artículo 150 de la LCSP dentro del plazo señalado mediando dolo, culpa o negligencia.

b) Haber dejado de formalizar el contrato, que ha sido adjudicado a su favor, en los plazos previstos en el artículo 153 de la LCSP por causa imputable al adjudicatario.

c) Haber incumplido las cláusulas que son esenciales en el contrato, incluyendo las condiciones especiales de ejecución establecidas de acuerdo con lo señalado en el artículo 202 de la LCSP, cuando dicho incumplimiento hubiese sido definido en los pliegos o en el contrato como infracción grave, concurriendo dolo, culpa o negligencia en el empresario, y siempre que haya dado lugar a la imposición de penalidades o a la indemnización de daños y perjuicios.

d) Haber dado lugar, por causa de la que hubiesen sido declarados culpables, a la resolución firme de cualquier contrato celebrado con una entidad de las comprendidas en el artículo 3 de la LCSP.

Las prohibiciones de contratar afectarán también a aquellas empresas de las que, por razón de las personas que las rigen o de otras circunstancias, pueda presumirse que son continuación o que derivan, por transformación, fusión o sucesión, de otras empresas en las que hubiesen concurrido aquellas.

2.3. Procedimiento general de contratación

La Ley de Contratos del Sector Público recoge en su articulado el procedimiento general de contratación, del que en este apartado se exponen los requisitos, tanto generales como de publicidad.

2.3.1. Requisitos generales

Necesidad e idoneidad del contrato y eficiencia en la contratación

Las entidades del sector público no podrán celebrar otros contratos que aquellos que sean necesarios para el cumplimiento y realización de sus fines institucionales. A tal efecto, la naturaleza y extensión de las necesidades que pretenden cubrirse mediante el contrato proyectado, así como la idoneidad de su objeto y contenido para satisfacerlas, cuando se adjudique por un procedimiento abierto, restringido o negociado sin publicidad, deben ser determinadas con precisión, dejando constancia de ello en la documentación preparatoria, antes de iniciar el procedimiento encaminado a su adjudicación.

Las entidades del sector público velarán por la eficiencia y el mantenimiento de los términos acordados en la ejecución de los procesos de contratación pública, favorecerán la agilización de trámites, valorarán la incorporación de consideraciones sociales, medioambientales y de innovación como aspectos positivos en los procedimientos de contratación pública y promoverán la participación de la pequeña y mediana empresa y el acceso sin coste a la información, en los términos previstos en la LCSP.

De acuerdo con los principios de necesidad, idoneidad y eficiencia establecidos en este artículo, las entidades del sector público podrán, previo cumplimiento de los requisitos legalmente establecidos, celebrar contratos derivados de proyectos promovidos por la iniciativa privada, en particular con respecto a los contratos de concesión de obras y concesión de servicios, incluidos en su modalidad de sociedad de economía mixta.

Las entidades del sector público programarán la actividad de contratación pública, que desarrollarán en un ejercicio presupuestario o periodos plurianuales y darán a conocer su plan de contratación anticipadamente mediante un anuncio de información previa previsto en el artículo 134 de la LCSP que al menos recoja aquellos contratos que quedarán sujetos a una regulación armonizada.

Plazo de duración de los contratos

La duración de los contratos del sector público deberá establecerse teniendo en cuenta la naturaleza de las prestaciones, las características de su financiación y la necesidad de someter periódicamente a concurrencia la realización de las mismas, sin perjuicio de las normas especiales aplicables a determinados contratos.

El contrato podrá prever una o varias prórrogas siempre que sus características permanezcan inalterables durante el periodo de duración de estas, sin perjuicio de las modificaciones que se puedan introducir de conformidad con lo establecido en los artículos 203 a 207 de la LCSP.

La prórroga se acordará por el órgano de contratación y será obligatoria para el empresario, siempre que su preaviso se produzca al menos con dos meses de antelación a la finalización del plazo de duración del contrato, salvo que en el pliego que rija el contrato se establezca uno mayor. Quedan exceptuados de la obligación de preaviso los contratos cuya duración fuera inferior a dos meses.

En ningún caso podrá producirse la prórroga por el consentimiento tácito de las partes.

La prórroga del contrato establecida en este apartado no será obligatoria para el contratista en los casos en que en el contrato se dé la causa de resolución establecida en el artículo 198.6 de la LCSP por haberse demorado la Administración en el abono del precio más de seis meses.

Cuando se produzca demora en la ejecución de la prestación por parte del empresario, el órgano de contratación podrá conceder una ampliación del plazo de ejecución, sin perjuicio de las penalidades que en su caso procedan, resultando aplicables en el caso de los contratos administrativos lo previsto en los artículos 192 y siguientes de la LCSP.

Los contratos de suministros y de servicios de prestación sucesiva tendrán un plazo máximo de duración de cinco años, incluyendo las posibles prórrogas que, en aplicación del apartado segundo de este artículo, acuerde el órgano de contratación, respetando las condiciones y límites establecidos en las respectivas normas presupuestarias que sean aplicables al ente contratante.

Ejecución directa de prestaciones por la Administración pública con la colaboración de empresarios particulares o a través de medios propios no personificados

La ejecución de obras podrá realizarse por los servicios de la Administración pública, ya sea empleando exclusivamente medios propios no personificados o con la colaboración de empresarios particulares cuando concurra alguna de estas circunstancias:

a) Que la Administración tenga montadas fábricas, arsenales, maestranzas o servicios técnicos o industriales suficientemente aptos para la realización de la prestación, en cuyo caso deberá normalmente utilizarse este sistema de ejecución.

b) Que la Administración posea elementos auxiliares utilizables, cuyo empleo suponga una economía superior al 5 % del importe del presupuesto del contrato o una mayor celeridad en su ejecución, justificándose, en este caso, las ventajas que se sigan de la misma.

c) Que no haya habido ofertas de empresarios en la licitación previamente efectuada.

d) Cuando se trate de un supuesto de emergencia, de acuerdo con lo previsto en el artículo 120.

e) Cuando, dada la naturaleza de la prestación, sea imposible la fijación previa de un precio cierto o la de un presupuesto por unidades simples de trabajo.

f) Cuando sea necesario relevar al contratista de realizar algunas unidades de obra por no haberse llegado a un acuerdo en los precios contradictorios correspondientes.

g) Las obras de mera conservación y mantenimiento, definidas en el artículo 232.5 de la LCSP.

h) Excepcionalmente, la ejecución de obras definidas en virtud de un anteproyecto, cuando no se aplique el artículo 146.2 de la LCSP relativo a la valoración de las ofertas con más de un criterio de adjudicación.

En los supuestos contemplados en las letras a), b), c), e) y f) anteriores, deberá redactarse el correspondiente proyecto, cuyo contenido se fijará reglamentariamente.

La fabricación de bienes muebles podrá efectuarse por los servicios de la Administración, ya sea empleando de forma exclusiva medios propios no personificados o con la colaboración de empresarios particulares cuando concurra alguna de las circunstancias previstas en las letras a), c), d) y e) del apartado anterior, o cuando, en el supuesto definido en la letra b) de este mismo apartado, el ahorro que pueda obtenerse sea superior al 20 % del presupuesto del suministro o pueda obtenerse una mayor celeridad en su ejecución.

Se exceptúan de estas limitaciones aquellas fabricaciones de bienes muebles que, por razones de defensa o de interés militar, resulte conveniente que se ejecuten por la Administración.

La prestación de servicios se realizará normalmente por la propia Administración por sus propios medios. No obstante, cuando carezca de medios suficientes, previa la debida justificación en el expediente, se podrá contratar de conformidad con lo establecido en el Capítulo V del Título II del Libro II de la LCSP.

Libertad de pactos

En los contratos del sector público podrán incluirse cualesquiera pactos, cláusulas y condiciones, siempre que no sean contrarios al interés público, al ordenamiento jurídico y a los principios de buena administración.

Solo podrán fusionarse prestaciones correspondientes a diferentes contratos en un contrato mixto cuando esas prestaciones se encuentren directamente vinculadas entre sí y mantengan relaciones de complementariedad que exijan su consideración y tratamiento como una unidad funcional dirigida a la satisfacción de una determinada necesidad o a la consecución de un fin institucional propio de la entidad contratante.

Contenido mínimo del contrato

Los documentos en los que se formalicen los contratos que celebren las entidades del sector público, salvo que ya se encuentren recogidas en los pliegos, deberán incluir, necesariamente, las siguientes menciones:

a) La identificación de las partes.

b) La acreditación de la capacidad de los firmantes para suscribir el contrato.

c) Definición del objeto y tipo del contrato, teniendo en cuenta en la definición del objeto las consideraciones sociales, ambientales y de innovación.

d) Referencia a la legislación aplicable al contrato, con expresa mención al sometimiento a la normativa nacional y de la Unión Europea en materia de protección de datos.

e) La enumeración de los documentos que integran el contrato. Si así se expresa en el contrato, esta enumeración podrá estar jerarquizada, ordenándose según el orden de prioridad acordado por las partes, en cuyo supuesto, y salvo caso de error manifiesto, el orden pactado se utilizará para determinar la prevalencia respectiva, en caso de que existan contradicciones entre diversos documentos.

f) El precio cierto, o el modo de determinarlo.

g) La duración del contrato o las fechas estimadas para el comienzo de su ejecución y para su finalización, así como la de la prórroga o prórrogas, si estuviesen previstas.

h) Las condiciones de recepción, entrega o admisión de las prestaciones.

i) Las condiciones de pago.

j) Los supuestos en que procede la modificación, en su caso.

k) Los supuestos en que procede la resolución.

l) El crédito presupuestario o el programa o rúbrica contable con cargo al que se abonará el precio, en su caso.

m) La extensión objetiva y temporal del deber de confidencialidad que, en su caso, se imponga al contratista.

n) La obligación de la empresa contratista de cumplir durante todo el periodo de ejecución de contrato las normas y condiciones fijadas en el convenio colectivo de aplicación.

El documento contractual no podrá incluir estipulaciones que establezcan derechos y obligaciones para las partes distintos de los previstos en los pliegos, concretados, en su caso, en la forma que resulte de la proposición del adjudicatario, o de los precisados en el acto de adjudicación del contrato, de acuerdo con lo actuado en el procedimiento, de no existir aquellos.

Perfección de los contratos

Los contratos que celebren los poderes adjudicadores, a excepción de los contratos menores y de los contratos basados en un acuerdo marco y los contratos específicos en el marco de un sistema dinámico de adquisición, se perfeccionan con su formalización.

Los contratos subvencionados que, de conformidad con lo dispuesto en el artículo 23 de la LCSP, deban considerarse sujetos a regulación armonizada, se perfeccionarán de conformidad con la legislación por la que se rijan. Las partes deberán notificar su formalización al órgano que otorgó la subvención.

Los contratos basados en un acuerdo marco y los contratos específicos en el marco de un sistema dinámico de adquisición, se perfeccionan con su adjudicación.

Salvo que se indique otra cosa en su clausulado, los contratos del sector público se entenderán celebrados en el lugar donde se encuentre la sede del órgano de contratación.

Carácter formal de la contratación del sector público

Las entidades del sector público no podrán contratar verbalmente, salvo que el contrato tenga, conforme a lo señalado en el artículo 120.1 de la LCSP, carácter de emergencia.

Los contratos que celebren las Administraciones públicas se formalizarán de acuerdo con lo previsto en el artículo 153 de la LCSP, sin perjuicio de lo señalado para los contratos menores en el artículo 118 de la LCSP.

Los contratos que celebren los poderes adjudicadores que no tengan la consideración de Administraciones públicas cuando sean susceptibles de recurso especial en materia de contratación conforme al artículo 44 de la LCSP deberán formalizarse en los plazos establecidos en el artículo 153 de la LCSP.

2.3.2. Requisitos de publicidad

Anuncio de información previa

Los órganos de contratación podrán publicar un anuncio de información previa con el fin de dar a conocer aquellos contratos de obras, suministros o servicios que, estando sujetos a regulación armonizada, tengan proyectado adjudicar en el plazo a que se refiere el párrafo siguiente.

En el caso de que la publicación del anuncio de información previa a que se refiere el primer apartado se vaya a efectuar en el perfil de contratante del órgano de contratación, este último deberá enviar a la Oficina de Publicaciones de la Unión Europea el anuncio de la publicación en su perfil.

El anuncio de información previa no se publicará en el perfil de contratante antes de que se envíe a la Oficina de Publicaciones de la Unión Europea el anuncio de su publicación en la citada forma, e indicará la fecha de dicho envío.

Los anuncios de información previa a que se refiere el apartado anterior se publicarán, con el contenido establecido en el Anexo III. A, a elección del órgano de contratación, en el Diario Oficial de la Unión Europea o en el perfil de contratante del órgano de contratación a que se refiere el artículo 63 de la LCSP, que se encuentra alojado en la Plataforma de Contratación del Sector Público o servicio de información equivalente de ámbito autonómico.

Los anuncios de información previa se enviarán a la Oficina de Publicaciones de la Unión Europea o, en su caso, se publicarán en el perfil de contratante lo antes posible, una vez tomada la decisión por la que se autorice el programa en el que se contemple la celebración de los correspondientes contratos, en el caso de los de obras, o una vez iniciado el ejercicio presupuestario, en los restantes.

En cualquier caso, los poderes adjudicadores deberán poder demostrar la fecha de envío del anuncio de información previa.

La Oficina de Publicaciones de la Unión Europea confirmará al poder adjudicador la recepción del anuncio y la publicación de la información enviada, indicando la fecha de dicha publicación. Esta confirmación constituirá prueba de la publicación.

En el caso de que el anuncio de información previa se publique en el Diario Oficial de la Unión Europea, no se publicará en el ámbito nacional antes de aquella publicación. No obstante, podrá en todo caso publicarse en el ámbito nacional si los poderes adjudicadores no han recibido notificación de su publicación a las cuarenta y ocho horas de la confirmación de la recepción del anuncio por parte de la Oficina de Publicaciones de la Unión Europea.

El periodo cubierto por el anuncio de información previa será de un máximo de 12 meses, a contar desde la fecha de envío del citado anuncio a la Oficina de Publicaciones de la Unión Europea o, en su caso, a partir de la fecha de envío también a esta última, del anuncio de publicación en el perfil de contratante a que se refiere el apartado cuarto anterior.

Sin embargo, en el caso de los contratos de servicios que tengan por objeto alguno de los servicios especiales del Anexo IV de la LCSP, el anuncio de información previa podrá abarcar un plazo superior a 12 meses.

La publicación del anuncio previo a que se refiere el primer apartado de este epígrafe, cumpliendo con las condiciones establecidas en los apartados 2 y 3 del artículo 156 y en el apartado 1 del artículo 164 de la LCSP, permitirá reducir los plazos para la presentación de proposiciones en los procedimientos abiertos y restringidos en la forma que en esos preceptos se determinan.

Anuncio de licitación

El anuncio de licitación para la adjudicación de contratos de las Administraciones públicas, a excepción de los procedimientos negociados sin publicidad, se publicará en el perfil de contratante. En los contratos celebrados por la Administración General del Estado, o por las entidades vinculadas a la misma que gocen de la naturaleza de Administraciones públicas, el anuncio de licitación se publicará además en el Boletín Oficial del Estado.

Cuando los contratos estén sujetos a regulación armonizada, la licitación deberá publicarse, además, en el Diario Oficial de la Unión Europea, debiendo los poderes adjudicadores poder demostrar la fecha de envío del anuncio de licitación.

La Oficina de Publicaciones de la Unión Europea confirmará al poder adjudicador la recepción del anuncio y la publicación de la información enviada, indicando la fecha de dicha publicación. Esta confirmación constituirá prueba de la publicación.

Cuando el órgano de contratación lo estime conveniente, los procedimientos para la adjudicación de contratos de obras, suministros, servicios, concesiones de obras y concesiones de servicios no sujetos a regulación armonizada podrán ser anunciados, además, en el Diario Oficial de la Unión Europea.

Los anuncios de licitación y los anuncios de información previa a que se refiere la disposición adicional trigésima sexta no se publicarán en los lugares indicados en el primer párrafo del apartado primero anterior antes de su publicación en el Diario Oficial de la Unión Europea, en el caso en que deban ser publicados en dicho diario oficial, debiendo indicar la fecha de aquel envío, de la que los servicios dependientes del órgano de contratación dejarán prueba suficiente en el expediente, y no podrán contener indicaciones distintas a las incluidas en dicho anuncio. No obstante, en todo caso podrán publicarse si el órgano de contratación no ha recibido notificación de su publicación a las 48 horas de la confirmación de la recepción del anuncio enviado.

Los anuncios de licitación de contratos contendrán la información recogida en el anexo III de la LCSP.

En los contratos de concesión de servicios especiales del anexo IV de la LCSP la convocatoria de licitación se realizará en todo caso mediante el anuncio de información previa a que se refiere la disposición adicional trigésima sexta.

2.4. Pliego de prescripciones técnicas. Pliego de cláusulas administrativas. Certificado de existencia de crédito. Fiscalización del gasto

Pliegos de prescripciones técnicas

Previo informe de la Junta Consultiva de Contratación Pública del Estado, el Consejo de Ministros, a propuesta del ministro correspondiente, podrá establecer los pliegos de prescripciones técnicas generales a que hayan de ajustarse la Administración General del Estado, sus Organismos Autónomos, Entidades Gestoras y Servicios Comunes de la Seguridad Social y demás entidades que gocen de la condición de Administraciones públicas integrantes del sector público estatal.

El órgano de contratación aprobará con anterioridad a la autorización del gasto o conjuntamente con ella, y siempre antes de la licitación del contrato o, de no existir esta, antes de su adjudicación, los pliegos y documentos que contengan las prescripciones técnicas particulares que hayan de regir la realización de la prestación y definan sus calidades, sus condiciones sociales y ambientales, de conformidad con los requisitos que para cada contrato establece la LCSP, y solo podrán ser modificados con posterioridad por error material, de hecho o aritmético. En otro caso, la modificación del pliego conllevará la retroacción de actuaciones.

Pliegos de cláusulas administrativas generales

El Consejo de Ministros, a iniciativa de los ministerios interesados, a propuesta del ministro de Hacienda, y previo dictamen del Consejo de Estado, podrá aprobar pliegos de cláusulas administrativas generales, que deberán ajustarse en su contenido a los preceptos de la LCSP y de sus disposiciones de desarrollo, para su utilización en los contratos que se celebren por los órganos de contratación de la Administración General del Estado, sus organismos autónomos, entidades gestoras y servicios comunes de la Seguridad Social y demás entidades que gocen de la condición de Administraciones públicas integrantes del sector público estatal.

Las comunidades autónomas y las entidades que integran la Administración local podrán aprobar pliegos de cláusulas administrativas generales, de acuerdo con sus normas específicas, previo dictamen del Consejo de Estado u órgano consultivo equivalente de la comunidad autónoma respectiva, si lo hubiera.

Pliegos de cláusulas administrativas particulares

Los pliegos de cláusulas administrativas particulares deberán aprobarse previamente a la autorización del gasto o conjuntamente con ella, y siempre antes de la licitación del contrato, o, de no existir esta, antes de su adjudicación, y solo podrán ser modificados con posterioridad por error material, de hecho o aritmético. En otro caso, la modificación del pliego conllevará la retroacción de actuaciones.

En los pliegos de cláusulas administrativas particulares se incluirán los criterios de solvencia y adjudicación del contrato; las consideraciones sociales, laborales y ambientales que como criterios de solvencia, de adjudicación o como condiciones especiales de ejecución se establezcan; los pactos y condiciones definidores de los derechos y obligaciones de las partes del contrato; la previsión de cesión del contrato, salvo en los casos en que la misma no sea posible de acuerdo con lo establecido en el segundo párrafo del artículo 214.1 de la LCSP; la obligación del adjudicatario de cumplir las condiciones salariales de los trabajadores conforme al convenio colectivo sectorial de aplicación; y las demás menciones requeridas por la LCSP y sus normas de desarrollo. En el caso de contratos mixtos, se detallará el régimen jurídico aplicable a sus efectos, cumplimiento y extinción, atendiendo a las normas aplicables a las diferentes prestaciones fusionadas en ellos.

Los pliegos podrán también especificar si va a exigirse la transferencia de derechos de propiedad intelectual o industrial, sin perjuicio de lo establecido en el artículo 308 de la LCSP respecto de los contratos de servicios.

Los pliegos deberán mencionar expresamente la obligación del futuro contratista de respetar la normativa vigente en materia de protección de datos.

Los contratos se ajustarán al contenido de los pliegos de cláusulas administrativas particulares, cuyas cláusulas se consideran parte integrante de los mismos.

La aprobación de los pliegos de cláusulas administrativas particulares corresponderá al órgano de contratación, que podrá, asimismo, aprobar modelos de pliegos particulares para determinadas categorías de contratos de naturaleza análoga.

La Junta Consultiva de Contratación Pública del Estado deberá informar con carácter previo todos los pliegos de cláusulas administrativas particulares en que se proponga la inclusión de estipulaciones contrarias a los correspondientes pliegos generales.

En la Administración General del Estado, sus organismos autónomos, entidades gestoras y servicios comunes de la Seguridad Social y demás Administraciones públicas integrantes del sector público estatal, la aprobación de los pliegos y de los modelos requerirá el informe previo del servicio jurídico respectivo. Este informe no será necesario cuando el pliego de cláusulas administrativas particulares se ajuste a un modelo de pliego que haya sido previamente objeto de este informe.

Certificado de existencia de crédito

El certificado de existencia de crédito es un documento administrativo cuya finalidad es la de acreditar que para las aplicaciones e importes que se indican en el documento de retención de créditos para gastar, existe saldo de crédito disponible y que se procede a su retención.

Debe tenerse presente que uno de los elementos mínimos de los contratos que celebren los entes, organismos y entidades del sector público es la del crédito presupuestario o el programa o rúbrica contable con cargo al que se abonará el precio, en su caso. Adicionalmente, será causa de nulidad de derecho administrativo la carencia o insuficiencia de crédito, de conformidad con lo establecido en la Ley General Presupuestaria, o en las normas presupuestarias de las restantes Administraciones públicas sujetas a la LCSP, salvo los supuestos de emergencia.

D./D.ª ..., Secretario/a del Ayuntamiento de ..., en relación con el expediente administrativo seguido en este ayuntamiento para la adquisición de ...

CERTIFICA:

Que la Intervención de este Ayuntamiento, mediante informe de... de... de 20...ha acreditado suficientemente los siguientes extremos.

1. Que, de acuerdo con el informe emitido por los Servicios Técnicos de este Ayuntamiento en fecha de... de... de 20..., el valor del bien objeto de adquisición asciende a ... euros y ... céntimos (...,... €).

2. Que en la partida ... ...del estado de gastos del presupuesto vigente hay consignación suficiente para afrontar el gasto que, en su caso, se derive de la mencionada adquisición.

Lo que hago constar a los efectos legalmente previstos por orden y con el visto bueno del/de la Alcalde/sa D./ D.ª..., a... de...de 20...

V.º B.º

EL / LA ALCADE / SA

Modelo de certificado de existencia de crédito.

Fiscalización del gasto

Remisión de contratos al Tribunal de Cuentas

Dentro de los tres meses siguientes a la formalización del contrato, para el ejercicio de la función fiscalizadora, deberá remitirse al Tribunal de Cuentas u órgano externo de fiscalización de la comunidad autónoma una copia certificada del documento en el que se hubiese formalizado aquel, acompañada de un extracto del expediente del que se derive, siempre que el precio de adjudicación del contrato o, en el caso de acuerdos marco, el valor estimado exceda de 600 000 euros, tratándose de obras, concesiones de obras, concesiones de servicios y acuerdos marco; de 450 000 euros, tratándose de suministros; y de 150 000 euros, tratándose de servicios y de contratos administrativos especiales.

Asimismo, serán objeto de remisión al Tribunal de Cuentas u órgano externo de fiscalización de la comunidad autónoma la copia certificada y el extracto del expediente a los que se refiere el párrafo anterior, relativos a los contratos basados en un acuerdo marco y a los contratos específicos celebrados en el marco de un sistema dinámico de adquisición, siempre que el precio de adjudicación del contrato exceda, en función de su naturaleza, de las cuantías señaladas en el citado párrafo.

Además, se remitirá una relación del resto de contratos celebrados incluyendo los contratos menores, excepto aquellos que, siendo su importe inferior a cinco mil euros, se satisfagan a través del sistema de anticipo de caja fija u otro sistema similar para realizar pagos menores, donde se consignará la identidad del adjudicatario, el objeto del contrato y su cuantía. Dichas relaciones se ordenarán por adjudicatario. Esta remisión podrá realizarse directamente por vía electrónica por la plataforma de contratación donde tenga ubicado su perfil de contratante el correspondiente órgano de contratación.

Igualmente, se comunicarán al Tribunal de Cuentas u órgano externo de fiscalización de la comunidad autónoma las modificaciones, prórrogas o variaciones de plazos, las variaciones de precio y el importe final, la nulidad y la extinción normal o anormal de los contratos indicados.

Lo dispuesto en los apartados anteriores se entenderá sin perjuicio de las facultades del Tribunal de Cuentas o, en su caso, de los correspondientes órganos de fiscalización externos de las comunidades autónomas para reclamar cuantos datos, documentos y antecedentes estime pertinentes con relación a los contratos de cualquier naturaleza y cuantía.

Las comunicaciones a que se refiere este epígrafe se efectuarán por el órgano de contratación en el ámbito de la Administración General del Estado y de entidades del sector público dependientes de ella.

La forma y el procedimiento para hacer efectivas las remisiones a que se refiere el presente epígrafe podrán determinarse por el Tribunal de Cuentas u órgano externo de fiscalización de la comunidad autónoma mediante las correspondientes instrucciones.

Informes específicos sobre los procedimientos para la adjudicación de los contratos

Los órganos de contratación redactarán un informe escrito sobre cada contrato de obras, suministros o servicios o acuerdo marco, sujetos a regulación armonizada, así como cada vez que establezca un sistema dinámico de adquisición, que incluya al menos lo siguiente:

a) El nombre y dirección del poder adjudicador, y el objeto y precio del contrato, del acuerdo marco o del sistema dinámico de adquisición.

b) En su caso, los resultados de la selección cualitativa o la reducción del número de ofertas y de soluciones, de conformidad con lo establecido en la LCSP para los procedimientos restringidos, de licitación con negociación, de diálogo competitivo, y de asociación para la innovación, concretamente:

   i) Los nombres de los candidatos o licitadores seleccionados y los motivos que justifican su selección.

ii) Los nombres de los candidatos o licitadores excluidos y los motivos que justifican su exclusión.

c) Los motivos por los que se hayan rechazado ofertas consideradas anormalmente bajas.

d) El nombre del adjudicatario y los motivos por los que se ha elegido su oferta, así como, si se conoce, la parte del contrato o del acuerdo marco que el adjudicatario tenga previsto subcontratar con terceros; y, en caso de que existan, y si se conocen en ese momento, los nombres de los subcontratistas del contratista principal.

e) Para los procedimientos de licitación con negociación y los procedimientos de diálogo competitivo, las circunstancias establecidas en el artículo 167 y en el apartado 3 del artículo 172 de la LCSP que justifiquen el recurso a estos procedimientos.

f) Por lo que respecta a los procedimientos negociados sin publicación previa, las circunstancias contempladas en el artículo 168 de la LCSP que justifiquen el recurso a dicho procedimiento.

g) En su caso, los motivos por los que el poder adjudicador haya decidido no adjudicar o celebrar un contrato o un acuerdo marco o haya renunciado a establecer un sistema dinámico de adquisición.

h) En su caso, los motivos por los que se han utilizado medios de comunicación distintos de los electrónicos para la presentación electrónica de ofertas.

i) En su caso, los conflictos de intereses detectados y las medidas tomadas al respecto.

j) En su caso, las medidas tomadas en el marco del artículo 70 de la LCSP.

Dicho informe no será exigido por lo que respecta a contratos basados en acuerdos marco, cuando estos se hayan celebrado con arreglo a los apartados 3 y 4.a) del artículo 221 de la LCSP.

En la medida en que el anuncio de formalización del contrato contenga la información requerida en el presente apartado, los poderes adjudicadores podrán hacer referencia a dicho anuncio.

El informe, o sus elementos principales, se remitirán a la Comisión Europea o al Comité de cooperación en materia de contratación pública regulado en el artículo 329 de la LCSP, cuando lo soliciten.

2.5. Modalidades de tramitación del expediente

La tramitación del expediente de contratación en el caso de los entes integrantes del sector público admite diversas opciones en función del supuesto de que se trate: ordinaria, urgente o emergencia. El criterio para diferenciarlos es el periodo de tiempo en el que deba ser satisfecho el interés público a que se haga referencia en cada caso.

2.5.1. Ordinaria

Expediente de contratación: iniciación y contenido

La celebración de contratos por parte de las Administraciones públicas requerirá la previa tramitación del correspondiente expediente, que se iniciará por el órgano de contratación motivando la necesidad del contrato en los términos previstos en el artículo 28 de la LCSP y que deberá ser publicado en el perfil de contratante.

En aquellos contratos cuya ejecución requiera de la cesión de datos por parte de entidades del sector público al contratista, el órgano de contratación en todo caso deberá especificar en el expediente de contratación cuál será la finalidad del tratamiento de los datos que vayan a ser cedidos.

El expediente deberá referirse a la totalidad del objeto del contrato, sin perjuicio de lo previsto en el apartado 7 del artículo 99 de la LCSP para los contratos adjudicados por lotes.

Al expediente se incorporarán el pliego de cláusulas administrativas particulares y el de prescripciones técnicas que hayan de regir el contrato. En el caso de que el procedimiento elegido para adjudicar el contrato sea el de diálogo competitivo, regulado en la subsección 5.ª, de la Sección 2.ª, del Capítulo I, del Título I, del Libro II de la LCSP, los pliegos de cláusulas administrativas y de prescripciones técnicas serán sustituidos por el documento descriptivo a que hace referencia el apartado 1 del artículo 174. En el caso de procedimientos para adjudicar los contratos basados en acuerdos marco invitando a una nueva licitación a las empresas parte del mismo, regulados en el artículo 221.4 de la LCSP, los pliegos de cláusulas administrativas y de prescripciones técnicas serán sustituidos por el documento de licitación a que hace referencia el artículo 221.5, último párrafo.

Asimismo, deberá incorporarse el certificado de existencia de crédito o, en el caso de entidades del sector público estatal con presupuesto estimativo, documento equivalente que acredite la existencia de financiación, y la fiscalización previa de la intervención, en su caso, en los términos previstos en la Ley 47/2003, de 26 de noviembre, General Presupuestaria.

En el expediente se justificará adecuadamente:

- La elección del procedimiento de licitación.

- La clasificación que se exija a los participantes.

- Los criterios de solvencia técnica o profesional, y económica y financiera, y los criterios que se tendrán en consideración para adjudicar el contrato, así como las condiciones especiales de ejecución del mismo.

- El valor estimado del contrato con una indicación de todos los conceptos que lo integran, incluyendo siempre los costes laborales si existiesen.

- La necesidad de la Administración a la que se pretende dar satisfacción mediante la contratación de las prestaciones correspondientes; y su relación con el objeto del contrato, que deberá ser directa, clara y proporcional.

- En los contratos de servicios, el informe de insuficiencia de medios.

- La decisión de no dividir en lotes el objeto del contrato, en su caso.

Si la financiación del contrato ha de realizarse con aportaciones de distinta procedencia, aunque se trate de órganos de una misma Administración pública, se tramitará un solo expediente por el órgano de contratación al que corresponda la adjudicación del contrato, debiendo acreditarse en aquel la plena disponibilidad de todas las aportaciones y determinarse el orden de su abono, con inclusión de una garantía para su efectividad.

Aprobación del expediente

Completado el expediente de contratación, se dictará resolución motivada por el órgano de contratación, aprobando el mismo y disponiendo la apertura del procedimiento de adjudicación. Dicha resolución implicará también la aprobación del gasto, salvo en el supuesto excepcional de que el presupuesto no hubiera podido ser establecido previamente, o que las normas de desconcentración o el acto de delegación hubiesen establecido lo contrario, en cuyo caso deberá recabarse la aprobación del órgano competente. Esta resolución deberá ser objeto de publicación en el perfil de contratante.

Los expedientes de contratación podrán ultimarse incluso con la adjudicación y formalización del correspondiente contrato, aun cuando su ejecución, ya se realice en una o en varias anualidades, deba iniciarse en el ejercicio siguiente. A estos efectos podrán comprometerse créditos con las limitaciones que se determinen en las normas presupuestarias de las distintas Administraciones públicas sujetas a la LCSP.

Expediente de contratación en contratos menores

Se consideran contratos menores los contratos de valor estimado inferior a 40 000 euros, cuando se trate de contratos de obras, o a 15 000 euros, cuando se trate de contratos de suministro o de servicios, sin perjuicio de lo dispuesto en el artículo 229 de la LCSP en relación con las obras, servicios y suministros centralizados en el ámbito estatal.

En los contratos menores, la tramitación del expediente exigirá la emisión de un informe del órgano de contratación justificando de manera motivada la necesidad del contrato y que no se está alterando su objeto con el fin de evitar la aplicación de los umbrales descritos en el apartado anterior.

Asimismo, se requerirá la aprobación del gasto y la incorporación al mismo de la factura correspondiente, que deberá reunir los requisitos que las normas de desarrollo de la LCSP establezcan.

En el contrato menor de obras, deberá añadirse, además, el presupuesto de las obras, sin perjuicio de que deba existir el correspondiente proyecto cuando sea requerido por las disposiciones vigentes. Deberá igualmente solicitarse el informe de las oficinas o unidades de supervisión a que se refiere el artículo 235 de la LCSP cuando el trabajo afecte a la estabilidad, seguridad o estanqueidad de la obra.

Los contratos menores se publicarán en la forma prevista en el artículo 63.4.

2.5.2. Urgente

Podrán ser objeto de tramitación urgente los expedientes correspondientes a los contratos cuya celebración responda a una necesidad inaplazable o cuya adjudicación sea preciso acelerar por razones de interés público. A tales efectos, el expediente deberá contener la declaración de urgencia hecha por el órgano de contratación, debidamente motivada.

Los expedientes calificados de urgentes se tramitarán siguiendo el mismo procedimiento que los ordinarios, con las siguientes especialidades:

• Los expedientes gozarán de preferencia para su despacho por los distintos órganos que intervengan en la tramitación, que dispondrán de un plazo de cinco días para emitir los respectivos informes o cumplimentar los trámites correspondientes.

Cuando la complejidad del expediente o cualquier otra causa igualmente justificada impida cumplir el plazo antes indicado, los órganos que deban evacuar el trámite lo pondrán en conocimiento del órgano de contratación que hubiese declarado la urgencia. En tal caso, el plazo quedará prorrogado hasta diez días.

• Acordada la apertura del procedimiento de adjudicación, los plazos establecidos en la LCSP para la licitación, adjudicación y formalización del contrato se reducirán a la mitad, salvo los siguientes:

a) El plazo de quince días hábiles establecido en el apartado 3 del artículo 153 de la LCSP, como periodo de espera antes de la formalización del contrato.

b) El plazo de presentación de proposiciones en el procedimiento abierto en los contratos de obras, suministros y servicios sujetos a regulación armonizada, que se podrá reducir de conformidad con lo indicado en la letra b) del apartado 3) del artículo 156 de la LCSP.

c) Los plazos de presentación de solicitudes y de proposiciones en los procedimientos restringidos y de licitación con negociación en los contratos de obras, suministros y servicios sujetos a regulación armonizada, que se podrán reducir según lo establecido en el segundo párrafo del apartado 1 del artículo 161 y en la letra b) del apartado 1 del artículo 164 de la LCSP, según el caso.

d) Los plazos de presentación de solicitudes en los procedimientos de diálogo competitivo y de asociación para la innovación en contratos de obras, suministros y servicios sujetos a regulación armonizada no serán susceptibles de reducirse.

e) El plazo de seis días a más tardar antes de que finalice el plazo fijado para la presentación de ofertas, para que los servicios dependientes del órgano de contratación faciliten al candidato o licitador la información adicional solicitada, será de cuatro días a más tardar antes de que finalice el citado plazo en los contratos de obras, suministros y servicios sujetos a regulación armonizada siempre que se adjudiquen por procedimientos abierto y restringido.

La reducción anterior no se aplicará a los citados contratos cuando el procedimiento de adjudicación sea uno distinto del abierto o del restringido.

f) Los plazos establecidos en el artículo 159 de la LCSP respecto a la tramitación del procedimiento abierto simplificado, de conformidad con lo señalado en el apartado 5 de dicho artículo.

Las reducciones de plazo establecidas en los puntos b, c y e anteriores no se aplicarán en la adjudicación de los contratos de concesiones de obras y concesiones de servicios sujetos a regulación armonizada, cualquiera que sea el procedimiento de adjudicación utilizado, no siendo los plazos a que se refieren dichos puntos, en estos contratos, susceptibles de reducción alguna.

El plazo de inicio de la ejecución del contrato no podrá exceder de un mes, contado desde la formalización.

2.5.3. De emergencia

Cuando la Administración tenga que actuar de manera inmediata a causa de acontecimientos catastróficos, de situaciones que supongan grave peligro o de necesidades que afecten a la defensa nacional, se estará al siguiente régimen excepcional:

a) El órgano de contratación, sin obligación de tramitar expediente de contratación, podrá ordenar la ejecución de lo necesario para remediar el acontecimiento producido o satisfacer la necesidad sobrevenida, o contratar libremente su objeto, en todo o en parte, sin sujetarse a los requisitos formales establecidos en la LCSP, incluso el de la existencia de crédito suficiente. En caso de que no exista crédito adecuado y suficiente, una vez adoptado el acuerdo, se procederá a su dotación de conformidad con lo establecido en la Ley General Presupuestaria.

b) Si el contrato ha sido celebrado por la Administración General del Estado, sus organismos autónomos, entidades gestoras y servicios comunes de la Seguridad Social o demás entidades públicas estatales, se dará cuenta de dichos acuerdos al Consejo de Ministros en el plazo máximo de treinta días.

c) El plazo de inicio de la ejecución de las prestaciones no podrá ser superior a un mes, contado desde la adopción del acuerdo previsto en la letra a). Si se excediese este plazo, la contratación de dichas prestaciones requerirá la tramitación de un procedimiento ordinario.

d) Ejecutadas las actuaciones objeto de este régimen excepcional, se observará lo dispuesto en la LCSP sobre cumplimiento de los contratos, recepción y liquidación de la prestación.

En el supuesto de que el libramiento de los fondos necesarios se hubiera realizado a justificar, transcurrido el plazo establecido en la letra c) anterior, se rendirá la cuenta justificativa del mismo, con reintegro de los fondos no invertidos.

Las restantes prestaciones que sean necesarias para completar la actuación acometida por la Administración y que no tengan carácter de emergencia se contratarán con arreglo a la tramitación ordinaria regulada en la LCSP.

2.6. Adjudicación

La adjudicación de un contrato administrativo se define como la fase en la que el órgano competente procede a determinar el candidato con el que finalmente va a celebrar el contrato objeto del procedimiento. Como sucede con el resto de las fases de los contratos administrativos, se ve regulada en sus principales aspectos por la Ley de Contratos del Sector Público.

2.6.1. Concepto, formas y normas de aplicación en el proceso de adjudicación

A continuación, se citarán los principales procedimientos de adjudicación existentes en la LCSP.

Procedimiento abierto

En el procedimiento abierto, todo empresario interesado podrá presentar una proposición, quedando excluida toda negociación de los términos del contrato con los licitadores.

En procedimientos abiertos de adjudicación de contratos sujetos a regulación armonizada, el plazo de presentación de proposiciones no será inferior a treinta y cinco días, para los contratos de obras, suministros y servicios, y a treinta días para las concesiones de obras y servicios, contados desde la fecha de envío del anuncio de licitación a la Oficina de Publicaciones de la Unión Europea.

En los contratos de obras, suministros y servicios, el plazo general previsto en el apartado anterior podrá reducirse en los siguientes casos:

- Si el órgano de contratación hubiese enviado un anuncio de información previa, el plazo general de presentación de proposiciones podrá reducirse a quince días. Esta reducción del plazo solo será admisible cuando el anuncio voluntario de información previa se hubiese enviado para su publicación con una antelación máxima de doce meses y mínima de treinta y cinco días antes de la fecha de envío del anuncio de licitación, siempre que en él se hubiese incluido, de estar disponible, toda la información exigida para este.

- Cuando el plazo general de presentación de proposiciones sea impracticable por tratarse de una situación de urgencia, en los términos descritos en el artículo 119 de la LCSP, el órgano de contratación podrá fijar otro plazo que no será inferior a quince días contados desde la fecha del envío del anuncio de licitación.

- Si el órgano de contratación aceptara la presentación de ofertas por medios electrónicos, podrá reducirse el plazo general de presentación de proposiciones en cinco días.

En las concesiones de obras y de servicios solo se podrá reducir el plazo general cuando se dé la circunstancia citada sobre uso de medios electrónicos.

Sin perjuicio de lo establecido en el apartado 3 del artículo 135 de la LCSP respecto de la obligación de publicar previamente en el Diario Oficial de la Unión Europea, en los procedimientos abiertos, la publicación del anuncio de licitación en el perfil de contratante deberá hacerse, en todo caso, con una antelación mínima equivalente al plazo fijado para la presentación de las proposiciones en el apartado siguiente.

En los contratos de las Administraciones públicas que no estén sujetos a regulación armonizada, el plazo de presentación de proposiciones no será inferior a quince días, contados desde el día siguiente al de la publicación del anuncio de licitación del contrato en el perfil de contratante. En los contratos de obras y de concesión de obras y concesión de servicios, el plazo será, como mínimo, de veintiséis días.

Procedimiento restringido

En el procedimiento restringido, cualquier empresa interesada podrá presentar una solicitud de participación en respuesta a una convocatoria de licitación.

Solo podrán presentar proposiciones aquellos empresarios que, a su solicitud y en atención a su solvencia, sean seleccionados por el órgano de contratación.

Los pliegos de cláusulas administrativas particulares podrán contemplar primas o compensaciones por los gastos en que incurran los licitadores al presentar su oferta en contratos de servicios en los casos en los que su presentación implique la realización de determinados desarrollos.

En este procedimiento estará prohibida toda negociación de los términos del contrato con los solicitantes o candidatos.

Este procedimiento es especialmente adecuado cuando se trata de servicios intelectuales de especial complejidad, como es el caso de algunos servicios de consultoría, de arquitectura o de ingeniería.

Procedimientos con negociación

En los procedimientos con negociación, la adjudicación recaerá en el licitador justificadamente elegido por el órgano de contratación, tras negociar las condiciones del contrato con uno o varios candidatos.

En el pliego de cláusulas administrativas particulares, se determinarán los aspectos económicos y técnicos que, en su caso, hayan de ser objeto de negociación con las empresas; la descripción de las necesidades de los órganos de contratación y de las características exigidas para los suministros, las obras o los servicios que hayan de contratarse; el procedimiento que se seguirá para negociar, que en todo momento garantizará la máxima transparencia de la negociación, la publicidad de la misma y la no discriminación entre los licitadores que participen; los elementos de la prestación objeto del contrato que constituyen los requisitos mínimos que han de cumplir todas las ofertas; los criterios de adjudicación.

La información facilitada será lo suficientemente precisa como para que los operadores económicos puedan identificar la naturaleza y el ámbito de la contratación y decidir si solicitan participar en el procedimiento.

Los procedimientos con negociación podrán utilizarse en los casos enumerados en los artículos 167 y 168 de la LCSP. Salvo que se dieran las circunstancias excepcionales que recoge el artículo 168, los órganos de contratación deberán publicar un anuncio de licitación.

Diálogo competitivo

En el diálogo competitivo, la mesa especial de diálogo competitivo dirige un diálogo con los candidatos seleccionados, previa solicitud de los mismos, a fin de desarrollar una o varias soluciones susceptibles de satisfacer sus necesidades y que servirán de base para que los candidatos elegidos presenten una oferta.

Cualquier empresa interesada podrá presentar una solicitud de participación en respuesta a un anuncio de licitación, proporcionando la información y documentación para la selección cualitativa que haya solicitado el órgano de contratación.

El procedimiento de diálogo competitivo podrá utilizarse en los casos enumerados en el artículo 167 de la LCSP y deberá verse precedido de la publicación de un anuncio de licitación.

El órgano de contratación podrá acordar en el documento descriptivo la aplicación de lo dispuesto en los apartados 4 y 5 del artículo 234 a los contratos que se adjudiquen mediante dialogo competitivo.

2.7. Formalización del contrato

Los contratos que celebren las Administraciones públicas deberán formalizarse en documento administrativo que se ajuste con exactitud a las condiciones de la licitación, constituyendo dicho documento título suficiente para acceder a cualquier registro público. No obstante, el contratista podrá solicitar que el contrato se eleve a escritura pública, corriendo de su cargo los correspondientes gastos. En ningún caso se podrán incluir en el documento en que se formalice el contrato cláusulas que impliquen alteración de los términos de la adjudicación.

En los contratos basados en un acuerdo marco o en los contratos específicos dentro de un sistema dinámico de adquisición, no resultará necesaria la formalización del contrato.

En el caso de los contratos menores definidos en el artículo 118 de la LCSP, se acreditará su existencia con los documentos a los que se refiere dicho artículo.

Si el contrato es susceptible de recurso especial en materia de contratación conforme al artículo 44 de la LCSP, la formalización no podrá efectuarse antes de que transcurran quince días hábiles desde que se remita la notificación de la adjudicación a los licitadores y candidatos. Las comunidades autónomas podrán incrementar este plazo, sin que exceda de un mes.

Los servicios dependientes del órgano de contratación requerirán al adjudicatario para que formalice el contrato en plazo no superior a cinco días a contar desde el siguiente a aquel en que hubiera recibido el requerimiento, una vez transcurrido el plazo previsto en el párrafo anterior sin que se hubiera interpuesto recurso que lleve aparejada la suspensión de la formalización del contrato. De igual forma, procederá cuando el órgano competente para la resolución del recurso hubiera levantado la suspensión.

En los restantes casos, la formalización del contrato deberá efectuarse no más tarde de los quince días hábiles siguientes a aquel en que se realice la notificación de la adjudicación a los licitadores y candidatos en la forma prevista en el artículo 151 de la LCSP.

Cuando por causas imputables al adjudicatario no se hubiese formalizado el contrato dentro del plazo indicado, se le exigirá el importe del 3 % del presupuesto base de licitación, IVA excluido, en concepto de penalidad, que se hará efectivo, en primer lugar, contra la garantía definitiva, si se hubiera constituido, sin perjuicio de lo establecido en la letra b) del apartado 2 del artículo 71 de la LCSP.

En este caso, el contrato se adjudicará al siguiente licitador por el orden en que hubieran quedado clasificadas las ofertas, previa presentación de la documentación establecida en el apartado 2 del artículo 150 de la LCSP, resultando de aplicación los plazos establecidos en el apartado anterior.

Si las causas de la no formalización fuesen imputables a la Administración, se indemnizará al contratista de los daños y perjuicios que la demora le pudiera ocasionar.

Sin perjuicio de lo establecido en los artículos 36.1 y 131.3 para los contratos menores, y en el artículo 36.3 de la LCSP para los contratos basados en un acuerdo marco y los contratos específicos en el marco de un sistema dinámico de adquisición, y salvo que la tramitación del expediente de contratación sea por emergencia, de acuerdo con lo previsto en el artículo 120 de la LCSP, no podrá procederse a la ejecución del contrato con carácter previo a su formalización.

2.8. Fuentes de información y publicidad de concursos públicos

La formalización de los contratos deberá publicarse, junto con el correspondiente contrato, en un plazo no superior a quince días tras el perfeccionamiento del contrato en el perfil de contratante del órgano de contratación. Cuando el contrato esté sujeto a regulación armonizada, el anuncio de formalización deberá publicarse, además, en el Diario Oficial de la Unión Europea.

En los contratos celebrados por la Administración General del Estado, o por las entidades vinculadas a la misma que gocen de la naturaleza de Administraciones públicas el anuncio de formalización se publicará, además, en el plazo señalado en el apartado anterior, en el Boletín Oficial del Estado.

El órgano de contratación, cuando proceda, enviará el anuncio de formalización al Diario Oficial de la Unión Europea a más tardar 10 días después de la formalización del contrato.

Los anuncios de formalización no se publicarán en los lugares indicados en los apartados primero y segundo del presente artículo antes de su publicación en el Diario Oficial de la Unión Europea, en el caso en que deban ser publicados en dicho diario oficial, debiendo indicar la fecha de aquel envío, de la que los servicios dependientes del órgano de contratación dejarán prueba suficiente en el expediente, y no podrán contener indicaciones distintas a las incluidas en dicho anuncio. No obstante, en todo caso podrán publicarse si el órgano de contratación no ha recibido notificación de su publicación a las 48 horas de la confirmación de la recepción del anuncio enviado.

La adjudicación de los contratos basados en un acuerdo marco o de los contratos específicos en el marco de un sistema dinámico de adquisición, ya perfeccionados en virtud de lo establecido en el artículo 36.3 de la LCSP, se publicará trimestralmente por el órgano de contratación dentro de los 30 días siguientes al fin de cada trimestre, en la forma prevista en el presente epígrafe.

Los contratos menores serán objeto de publicación en las condiciones establecidas en el apartado 4 del artículo 63 de la LCSP.

Los anuncios de formalización de contratos contendrán la información recogida en el anexo III de la LCSP.

Podrán no publicarse determinados datos relativos a la celebración del contrato cuando se considere, justificándose debidamente en el expediente, que la divulgación de esa información puede obstaculizar la aplicación de una norma, resultar contraria al interés público o perjudicar intereses comerciales legítimos de empresas públicas o privadas o la competencia leal entre ellas, o cuando se trate de contratos declarados secretos o reservados o cuya ejecución deba ir acompañada de medidas de seguridad especiales conforme a la legislación vigente, o cuando lo exija la protección de los intereses esenciales de la seguridad del Estado y así se haya declarado de conformidad con lo previsto en la letra c) del apartado 2 del artículo 19 de la LCSP.

En todo caso, previa la decisión de no publicar unos determinados datos relativos a la celebración del contrato, los órganos de contratación deberán solicitar la emisión de informe por el Consejo de Transparencia y Buen Gobierno a que se refiere la Ley 19/2013, de 9 de diciembre, de transparencia, acceso a la información pública y buen gobierno, en el que se aprecie si el derecho de acceso a la información pública prevalece o no frente a los bienes que se pretenden salvaguardar con su no publicación, que será evacuado en un plazo máximo de diez días.

No obstante lo anterior, no se requerirá dicho informe por el Consejo de Transparencia y Buen Gobierno en caso de que, con anterioridad, se hubiese efectuado por el órgano de contratación consulta sobre una materia idéntica o análoga, sin perjuicio de la justificación debida de su exclusión en el expediente en los términos establecidos en este apartado.

Los órganos de contratación informarán a cada candidato y licitador en el plazo más breve posible de las decisiones tomadas en relación con la celebración de un acuerdo marco, con la adjudicación del contrato o con la admisión a un sistema dinámico de adquisición, incluidos los motivos por los que hayan decidido no celebrar un acuerdo marco, no adjudicar un contrato para el que se haya efectuado una convocatoria de licitación o volver a iniciar el procedimiento, o no aplicar un sistema dinámico de adquisición.

A petición del candidato o licitador de que se trate, los órganos de contratación comunicarán, lo antes posible, y, en cualquier caso, en un plazo de quince días a partir de la recepción de una solicitud por escrito:

- A todos los candidatos descartados, los motivos por los que se haya desestimado su candidatura.

- A todos los licitadores descartados, los motivos por los que se haya desestimado su oferta, incluidos, en los casos contemplados en el artículo 126, apartados 7 y 8 de la LCSP, los motivos de su decisión de no equivalencia o de su decisión de que las obras, los suministros o los servicios no se ajustan a los requisitos de rendimiento o a las exigencias funcionales.

- A todo licitador que haya presentado una oferta admisible, las características y ventajas relativas de la oferta seleccionada, así como el nombre del adjudicatario o las partes en el acuerdo marco.

- A todo licitador que haya presentado una oferta admisible, el desarrollo de las negociaciones y el diálogo con los licitadores.

Los poderes adjudicadores podrán decidir no comunicar determinados datos relativos a la adjudicación del contrato, la celebración de acuerdos marco o la admisión a un sistema dinámico de adquisición, cuando su divulgación pudiera obstaculizar la aplicación de la ley, ser contraria al interés público, perjudicar los intereses comerciales legítimos de una determinada empresa, pública o privada, o perjudicar la competencia leal entre empresarios.

Actividades de comprobación

2.1. ¿Una mutua colaboradora con la Seguridad Social se encuentra sometida a la Ley de Contratos del Sector Público?

2.2. Una empresa que ha sido sancionada con carácter firme por infracciones en materia de disciplina de mercado, ¿puede suscribir un contrato con un ente público?

2.3. ¿A qué se considera contrato menor en el caso de un contrato de obras?

2.4. ¿Qué requisito específico en cuanto a la publicación de su licitación han de cumplir los contratos sujetos a regulación armonizada?

2.5. El Consejo de Ministros, a propuesta del ministro correspondiente, podrá establecer los pliegos de prescripciones técnicas generales a que hayan de ajustarse la Administración General del Estado, previo informe, ¿de qué órgano?

2.6. ¿Qué es el certificado de existencia de crédito?

2.7. ¿Qué tres modalidades de tramitación del expediente de contratación existen?

2.8. ¿Qué documento fundamental de contratación no es preciso que se encuentre presente en el caso de la tramitación de emergencia?

2.9. ¿Qué criterios se incorporarán de manera transversal y preceptiva a toda contratación pública siempre que guarden relación con el objeto del contrato?

2.10. ¿Cómo se perfeccionan, en general, los contratos que celebren los poderes adjudicadores?

Actividades de aplicación

2.1. Analiza la página web de tu comunidad autónoma y busca la existencia de posibles normas de ámbito autonómico en materia de contratación pública.

2.2. Busca en la página http://administracion.gob.es la sección dedicada a contratación pública y analiza la misma. ¿Qué web específica se dedica a la contratación estatal?

2.3. En la web que encontraste previamente busca licitaciones abiertas respecto del sector de actividad económica a la que se dedica la empresa que podrías crear.

3. Contratación privada de la empresa

Contenido

El proceso de contratación regulado por el derecho privado es mucho menos formalista que el regulado por las normas propias de la contratación del sector público, lo que incrementa sustancialmente su agilidad.

3.1. Proceso de contratación privado

El contrato existe desde que consienten en obligarse, respecto de otra u otras personas, a dar alguna, una o varias cosas o a prestar algún servicio.

Los contratantes pueden establecer los pactos, cláusulas y condiciones que tengan por conveniente, siempre que no sean contrarios a las leyes, a la moral, ni al orden público.

La validez y el cumplimiento de los contratos no pueden dejarse al arbitrio de uno de los contratantes.

Los contratos solo producen efecto entre las partes que los otorgan y sus herederos, salvo, en cuanto a estos, el caso en que los derechos y obligaciones que proceden del contrato no sean transmisibles, o por su naturaleza, o por pacto, o por disposición de la ley.

Si el contrato contuviere alguna estipulación en favor de un tercero, este podrá exigir su cumplimiento, siempre que hubiese hecho saber su aceptación al obligado antes de que aquella haya sido revocada.

Los contratos se perfeccionan por el mero consentimiento, y desde entonces obligan, no solo al cumplimiento de lo expresamente pactado, sino también a todas las consecuencias que, según su naturaleza, sean conformes a la buena fe, al uso y a la ley.

Ninguno puede contratar a nombre de otro sin estar autorizado por este o sin que tenga por la ley su representación legal.

El contrato celebrado a nombre de otro por quien no tenga su autorización o representación legal será nulo, a no ser que lo ratifique la persona a cuyo nombre se otorgue antes de ser revocado por la otra parte contratante.

No se admitirá juramento en los contratos. Si se hiciera, se tendrá por no puesto.

Contratos de comercio

Los contratos mercantiles, en todo lo relativo a sus requisitos, modificaciones, excepciones, interpretación y extinción, y a la capacidad de los contratantes, se regirán en todo lo que no se halle expresamente establecido en el Código de Comercio o en leyes especiales, por las reglas generales del derecho común.

Serán válidos y producirán obligación y acción en juicio los contratos mercantiles, cualesquiera que sean la forma y el idioma en que se celebren, la clase a que correspondan y la cantidad que tengan por objeto, con tal de que conste su existencia por alguno de los medios que el derecho civil tenga establecidos. Sin embargo, la declaración de testigos no será por sí sola bastante para probar la existencia de un contrato cuya cuantía exceda de 9 euros, a no concurrir con alguna otra prueba.

La correspondencia telegráfica solo producirá obligación entre los contratantes que hayan admitido este medio previamente y en contrato escrito, y siempre que los telegramas reúnan las condiciones o signos convencionales que previamente hayan establecido los contratantes, si así lo hubiesen pactado.

Se exceptuarán de lo dispuesto en los párrafos que preceden:

- Los contratos que, con arreglo al Código de Comercio o a las leyes especiales, deban reducirse a escritura o requieran formas o solemnidades necesarias para su eficacia.

- Los contratos celebrados en país extranjero en que la ley exija escrituras, formas o solemnidades determinadas para su validez, aunque no las exija la ley española.

En uno y otro caso, los contratos que no llenen las circunstancias respectivamente requeridas no producirán obligación ni acción en juicio.

Las convenciones ilícitas no producen obligación ni acción, aunque recaigan sobre operaciones de comercio.

Hallándose en lugares distintos el que hizo la oferta y el que la aceptó, hay consentimiento desde que el oferente conoce la aceptación o desde que, habiéndosela remitido el aceptante, no pueda ignorarla sin faltar a la buena fe. El contrato, en tal caso, se presume celebrado en el lugar en que se hizo la oferta.

En los contratos celebrados mediante dispositivos automáticos hay consentimiento desde que se manifiesta la aceptación.

Los contratos en que intervenga agente o corredor quedarán perfeccionados cuando los contratantes hubiesen aceptado su propuesta.

En el contrato mercantil en que se fijase pena de indemnización contra el que no lo cumpliera, la parte perjudicada podrá exigir el cumplimiento del contrato por los medios de derecho o la pena prescrita, pero, utilizando una de estas dos acciones, quedará extinguida la otra, a no mediar pacto en contrario.

Los contratos de comercio se ejecutarán y cumplirán de buena fe, según los términos en que fuesen hechos y redactados, sin tergiversar con interpretaciones arbitrarias el sentido recto, propio y usual de las palabras dichas o escritas, ni restringir los efectos que naturalmente se deriven del modo con que los contratantes hubieran explicado su voluntad y contraído sus obligaciones.

Si apareciese divergencia entre los ejemplares de un contrato que presenten los contratantes, y en su celebración hubiese intervenido agente o corredor, se estará a lo que resulte de los libros de estos, siempre que se encuentren arreglados a derecho.

En todos los cómputos de días, meses y años, se entenderán: el día, de veinticuatro horas; los meses, según estén designados en el calendario gregoriano, y el año, de trescientos sesenta y cinco días.

Se exceptúan las letras de cambio, los pagarés y los cheques, así como los préstamos respecto a los cuales se estará a lo que especialmente para ellos establecen la Ley Cambiaria y del Cheque y el Código de Comercio, respectivamente.

No se reconocerán términos de gracia, cortesía u otros, que, bajo cualquier denominación, difieran el cumplimiento de las obligaciones mercantiles, sino los que las partes hubiesen prefijado en el contrato, o se apoyasen en una disposición terminante de derecho.

Las obligaciones que no tuviesen término prefijado por las partes o por las disposiciones del Código de Comercio, serán exigibles a los diez días después de contraídas si solo produjesen acción ordinaria, y al día inmediato, si llevasen aparejada ejecución.

Los efectos de la morosidad en el cumplimiento de las obligaciones mercantiles comenzarán:

- En los contratos que tuviesen día señalado para su cumplimiento por voluntad de las partes o por la ley, al día siguiente de su vencimiento.

- En los que no lo tengan, desde el día en que el acreedor interpelara judicialmente al deudor, o le intimase la protesta de daños y perjuicios hecha contra él ante un juez, notario u otro oficial público autorizado para admitirla.

3.2. Normativa civil y mercantil aplicable

La legislación fundamental en materia de contratación privada se encuentra recogida en el Código Civil, publicado en 1889 y en el Código de Comercio, publicado en 1885. Debe tenerse presente, respecto de los contratos mercantiles, que los mismos se regirán en todo lo que no se halle expresamente establecido en el Código de Comercio o en leyes especiales, por las reglas generales del derecho común.

3.3. Tipos de contratos: compraventa. Franquicia. Intermediación comercial (Agencia. Comisión. Mediación). *Leasing* y *renting. Factoring* y *confirming.* Transporte. Seguro

Compraventa

Por el contrato de compra y venta uno de los contratantes se obliga a entregar una cosa determinada y el otro a pagar por ella un precio cierto, en dinero o signo que lo represente.

Si el precio de la venta consistiera parte en dinero y parte en otra cosa, se calificará el contrato por la intención manifiesta de los contratantes. No constando esta, se tendrá por permuta, si el valor de la cosa dada en parte del precio excede al del dinero o su equivalente; y por venta en el caso contrario.

Para que el precio se tenga por cierto, bastará que lo sea con referencia a otra cosa cierta, o que se deje su señalamiento al arbitrio de persona determinada.

Si esta no pudiese o no quisiese señalarlo, quedará ineficaz el contrato.

También se tendrá por cierto el precio en la venta de valores, granos, líquidos y demás cosas fungibles, cuando se señale el que la cosa vendida tuviera en determinado día, bolsa, mercado, o se fije un tanto mayor o menor que el precio del día, bolsa o mercado, con tal de que sea cierto.

El señalamiento del precio no podrá nunca dejarse al arbitrio de uno de los contratantes.

La venta se perfeccionará entre comprador y vendedor, y será obligatoria para ambos, si hubiesen convenido en la cosa objeto del contrato, y en el precio, aunque ni la una ni el otro se hayan entregado.

La promesa de vender o comprar, habiendo conformidad en la cosa y en el precio, dará derecho a los contratantes para reclamar recíprocamente el cumplimiento del contrato.

Siempre que no pueda cumplirse la promesa de compra y venta, regirá para vendedor y comprador, según los casos, lo dispuesto acerca de las obligaciones y contratos en el Código Civil.

El daño o provecho de la cosa vendida, después de perfeccionado el contrato, se regulará por lo dispuesto en los artículos 1096 y 1182 del Código Civil.

Esta regla se aplicará a la venta de cosas fungibles hecha aisladamente y por un solo precio, o sin consideración a su peso, número o medida.

Si las cosas fungibles se vendiesen por un precio fijado con relación al peso, número o medida, no se imputará el riesgo al comprador hasta que se hayan pesado, contado o medido, a no ser que este se haya constituido en mora.

La venta hecha a calidad de ensayo o prueba de la cosa vendida, y la venta de las cosas que es costumbre gustar o probar antes de recibirlas, se presumirán hechas siempre bajo condición suspensiva.

Si hubiesen mediado arras o señal en el contrato de compra y venta, podrá rescindirse el contrato allanándose el comprador a perderlas, o el vendedor a devolverlas duplicadas.

Los gastos de otorgamiento de escrituras serán de cuenta del vendedor, y los de la primera copia y los demás posteriores a la venta serán de cuenta del comprador, salvo pacto en contrario.

La enajenación forzosa por causa de utilidad pública se regirá por lo que establezcan las leyes especiales.

Franquicia

Se entenderá por actividad comercial en régimen de franquicia, regulada en el artículo 62 de la Ley 7/1996, de 15 de enero, de Ordenación del Comercio Minorista, aquella que se realiza en virtud del contrato por el cual una empresa, el franquiciador, cede a otra, el franquiciado, en un mercado determinado, a cambio de una contraprestación financiera directa, indirecta o ambas, el derecho a la explotación de una franquicia, sobre un negocio o actividad mercantil que el primero venga desarrollando anteriormente con suficiente experiencia y éxito, para comercializar determinados tipos de productos o servicios y que comprende, por lo menos:

- El uso de una denominación o rótulo común u otros derechos de propiedad intelectual o industrial y una presentación uniforme de los locales o medios de transporte objeto del contrato.

- La comunicación por el franquiciador al franquiciado de unos conocimientos técnicos o un saber hacer, que deberá ser propio, sustancial y singular.

- La prestación continua por el franquiciador al franquiciado de una asistencia comercial, técnica o ambas durante la vigencia del acuerdo; todo ello sin perjuicio de las facultades de supervisión que puedan establecerse contractualmente.

Se entenderá por acuerdo de franquicia principal o franquicia maestra aquel por el cual una empresa, el franquiciador, le otorga a la otra, el franquiciado principal, en contraprestación de una compensación financiera directa, indirecta o ambas el derecho de explotar una franquicia con la finalidad de concluir acuerdos de franquicia con terceros, los franquiciados, conforme al sistema definido por el franquiciador, asumiendo el franquiciado principal el papel de franquiciador en un mercado determinado.

No tendrá necesariamente la consideración de franquicia, el contrato de concesión mercantil o de distribución en exclusiva, por el cual un empresario se compromete a adquirir, en determinadas condiciones, productos normalmente de marca, a otro que le otorga una cierta exclusividad en una zona, y a revenderlos también bajo ciertas condiciones, así como a prestar a los compradores de estos productos asistencia una vez realizada la venta.

Tampoco tendrán la consideración de franquicia ninguna de las siguientes relaciones jurídicas:

- La concesión de una licencia de fabricación.

- La cesión de una marca registrada para utilizarla en una determinada zona.

- La transferencia de tecnología.

- La cesión de la utilización de una enseña o rótulo comercial.

Agencia

Por el contrato de agencia una persona natural o jurídica, denominada agente, se obliga frente a otra, de manera continuada o estable a cambio de una remuneración, a promover actos u operaciones de comercio por cuenta ajena, o a promoverlos y concluirlos por cuenta y en nombre ajenos, como intermediario independiente, sin asumir, salvo pacto en contrario, el riesgo y ventura de tales operaciones.

No se considerarán agentes los representantes y viajantes de comercio dependientes ni, en general, las personas que se encuentren vinculadas por una relación laboral, sea común o especial, con el empresario por cuya cuenta actúan.

Se presumirá que existe dependencia cuando quien se dedique a promover actos u operaciones de comercio por cuenta ajena, o a promoverlos y concluirlos por cuenta y en nombre ajenos, no pueda organizar su actividad profesional ni el tiempo dedicado a la misma conforme a sus propios criterios.

En defecto de ley que les sea expresamente aplicable, las distintas modalidades del contrato de agencia, cualquiera que sea su denominación, se regirán por lo dispuesto en la presente ley, cuyos preceptos tienen carácter imperativo, a no ser que en ellos se disponga expresamente otra cosa.

La presente ley no será de aplicación a los agentes que actúen en mercados secundarios oficiales o reglamentados de valores.

Salvo disposición en contrario de la presente ley, la prescripción de las acciones derivadas del contrato de agencia se regirá por las reglas establecidas en el Código de Comercio.

El agente deberá realizar, por sí mismo o por medio de sus dependientes, la promoción y, en su caso, la conclusión de los actos u operaciones de comercio que se le hubiesen encomendado.

La actuación por medio de subagentes requerirá autorización expresa del empresario. Cuando el agente designe la persona del subagente responderá de su gestión.

El agente está facultado para promover los actos u operaciones objeto del contrato de agencia, pero solo podrá concluirlos en nombre del empresario cuando tenga atribuida esta facultad.

Salvo pacto en contrario, el agente puede desarrollar su actividad profesional por cuenta de varios empresarios. En todo caso, necesitará el consentimiento del empresario con quien haya celebrado un contrato de agencia para ejercer por su propia cuenta o por cuenta de otro empresario una actividad profesional relacionada con bienes o servicios que sean de igual o análoga naturaleza y concurrentes o competitivos con aquellos cuya contratación se hubiera obligado a promover.

El agente está facultado para exigir en el acto de la entrega el reconocimiento de los bienes vendidos, así como para efectuar el depósito judicial de dichos bienes en el caso de que el tercero rehusara o demorase sin justa causa su recibo.

En el ejercicio de su actividad profesional, el agente deberá actuar lealmente y de buena fe, velando por los intereses del empresario o empresarios por cuya cuenta actúe.

En particular, el agente deberá:

- Ocuparse con la diligencia de un ordenado comerciante de la promoción y, en su caso, de la conclusión de los actos u operaciones que se le hubiesen encomendado.

- Comunicar al empresario toda la información de que disponga, cuando sea necesaria para la buena gestión de los actos u operaciones cuya promoción y, en su caso, conclusión, se le hubiese encomendado, así como, en particular, la relativa a la solvencia de los terceros con los que existan operaciones pendientes de conclusión o ejecución.

- Desarrollar su actividad con arreglo a las instrucciones razonables recibidas del empresario, siempre que no afecten a su independencia.

- Recibir en nombre del empresario cualquier clase de reclamaciones de terceros sobre defectos o vicios de calidad o cantidad de los bienes vendidos y de los servicios prestados como consecuencia de las operaciones promovidas, aunque no las hubiera concluido.

- Llevar una contabilidad independiente de los actos u operaciones relativos a cada empresario por cuya cuenta actúe.

En sus relaciones con el agente, el empresario deberá actuar lealmente y de buena fe.

En particular, el empresario deberá:

- Poner a disposición del agente, con antelación suficiente y en cantidad apropiada, los muestrarios, catálogos, tarifas y demás documentos necesarios para el ejercicio de su actividad profesional.

- Procurar al agente todas las informaciones necesarias para la ejecución del contrato de agencia y, en particular, advertirle, desde que tenga noticia de ello, cuando prevea que el volumen de los actos u operaciones va a ser sensiblemente inferior al que el agente hubiera podido esperar.

- Satisfacer la remuneración pactada.

Dentro del plazo de quince días, el empresario deberá comunicar al agente la aceptación o el rechazo de la operación comunicada. Asimismo, deberá comunicar al agente, dentro del plazo más breve posible, habida cuenta de la naturaleza de la operación, la ejecución, ejecución parcial o falta de ejecución de esta.

Comisión

Se reputará comisión mercantil el mandato, cuando tenga por objeto un acto u operación de comercio y sea comerciante o agente mediador del comercio el comitente o el comisionista. El comisionista podrá desempeñar la comisión contratando en nombre propio o en el de su comitente.

En el caso de rehusar un comisionista el encargo que se le hiciese, estará obligado a comunicarlo al comitente por el medio más rápido posible, debiendo confirmarlo, en todo caso, por el correo más próximo al día en que recibió la comisión.

Lo estará, asimismo, a prestar la debida diligencia en la custodia y conservación de los efectos que el comitente le haya remitido, hasta que este designe nuevo comisionista, en vista de su negativa, o hasta que, sin esperar nueva designación, el juez o tribunal se haya hecho cargo de los efectos, a solicitud del comisionista.

La falta de cumplimiento de cualquiera de las obligaciones establecidas en los dos párrafos anteriores constituye al comisionista en la responsabilidad de indemnizar los daños y perjuicios que por ello sobrevengan al comitente.

No será obligatorio el desempeño de las comisiones que exijan provisión de fondos, aunque se hayan aceptado, mientras el comitente no ponga a disposición del comisionista la suma necesaria al efecto. El comisionista que, sin causa legal, no cumpla la comisión aceptada o empezada a evacuar, será responsable de todos los daños que por ello sobrevengan al comitente.

El comisionista que en el desempeño de su encargo se sujete a las instrucciones recibidas del comitente quedará exento de toda responsabilidad para con él. En lo no previsto y prescrito expresamente por el comitente, deberá el comisionista consultarle, siempre que lo permita la naturaleza del negocio.

Mas si estuviera autorizado para obrar a su arbitrio, o no fuera posible la consulta, hará lo que dicte la prudencia y sea más conforme al uso del comercio, cuidando del negocio como propio. En el caso de que un accidente no previsto hiciese, a juicio del comisionista, arriesgada o perjudicial la ejecución de las instrucciones recibidas, podrá suspender el cumplimiento de la comisión, comunicando al comitente, por el medio más rápido posible, las causas que hayan motivado su conducta.

El comitente estará obligado a abonar al comisionista el premio de comisión, salvo pacto en contrario. Faltando pacto expresivo de la cuota, se fijará esta con arreglo al uso y práctica mercantil de la plaza donde se cumpliese la comisión.

El comitente estará, asimismo, obligado a satisfacer al contado, al comisionista, mediante cuenta justificada, el importe de todos sus gastos y desembolsos, con el interés legal desde el día en que los hubiese hecho hasta su total reintegro.

El comitente podrá revocar la comisión conferida al comisionista, en cualquier estado del negocio, poniéndolo en su noticia, pero quedando siempre obligado a las resultas de las gestiones practicadas antes de haberle hecho saber la revocación.

Por muerte del comisionista o su inhabilitación se rescindirá el contrato; pero por muerte o inhabilitación del comitente no se rescindirá, aunque pueden revocarlo sus representantes.

Mediación

El contrato de mediación tiene la naturaleza de contrato atípico y no cuenta con una regulación específica, ni en el Código de Comercio ni en normas mercantiles especiales.

En los contratos de mediación que se celebren con mediadores que vayan a desarrollar sus actividades de mediación fuera de España, deberá tenerse presente la legislación del país en el que el mediador ejecute sus actividades.

Se trata de un contrato mercantil que se halla sometido a legislación mercantil, así como a la jurisdicción tanto civil como mercantil.

El mediador se define como una empresa o empresario que se encuentra en una situación de independencia respecto del mandante para el cual trabaja. El mediador dispone de una organización empresarial autónoma, instalaciones propias, personal contratado por sí mismo y actúa con el máximo nivel de independencia respecto al modo en el que lleva a cabo sus actividades profesionales.

Es un contrato vinculado a operaciones comerciales ejecutadas de forma puntual, careciendo de continuidad comercial entre el mediador y su mandante.

En el contrato de mediación, el mediador pone en contacto a su mandante con una tercera parte (futuro cliente o proveedor del mandante), ya que el mediador no dispone de poder de representación del mandante para llevar a cabo ninguna modalidad de negocio concreto.

No es válido acordar un régimen de exclusividad en el ejercicio de la actividad mediadora. En la misma está presente un elevado margen de libertad respecto al contenido del contrato para las partes implicadas. Ambas partes pueden pactar prácticamente cualquier variable relativa al régimen jurídico de su relación comercial.

Se trata de un contrato libremente revocable por parte del mandante.

La integridad de los gastos desembolsados por el mediador para llevar a cabo su actividad profesional ha de ser abonada por este y se estima cubierta por las comisiones recibidas del mandante.

Entre los gastos que deben ser satisfechos por el mediador se hallan estos:

- Dietas (viaje, alimentación, alojamiento).
- Comunicaciones.
- Alquiler de locales que serán empleados por el mediador.

No obstante, en el supuesto de que el mediador realizara gastos adicionales derivados de prestar servicios especiales que fueran más lejos de su tarea de mediación comercial, los citados gastos podrían ser abonados por el mandante, cuando dicha posibilidad quedara prevista en el contrato de mediación.

Entre las causas generales de extinción de los mandatos mercantiles, pueden señalarse el cumplimiento del mandato, así como el cumplimiento del plazo determinado para la ejecución del mismo, si bien la posibilidad de revocación libre de la mediación por parte del mandante hace disminuir la importancia de estas causas de extinción.

Adicionalmente, otras causas de extinción como son la muerte, renuncia o inhabilitación del mediador muestran el carácter personal e intransferible del contrato de mediación.

Leasing

Se trata de un contrato mediante el que una empresa de arrendamiento financiero cede a otra, que es el arrendatario, la utilización de un bien que ha sido adquirido por la sociedad de arrendamiento por un plazo fijado previamente y a cambio del abono de una serie de cuotas periódicas que debe abonar el arrendatario, el cual, a la finalización del contrato, puede optar, si así lo desea, por adquirir el bien mediante la ejecución de una opción de compra. La sociedad de arrendamiento financiero adquiere el bien de acuerdo con las instrucciones que ha recibido del arrendatario, de modo que, en la práctica, es este el que solicita al arrendador que adquiera un bien que él mismo empleará contando con la financiación de la empresa de arrendamiento.

El bien que se arrienda mediante el contrato de *leasing,* que puede tener tanto la naturaleza de mueble como de inmueble, ha de ser destinado a explotaciones agrícolas, pesqueras, industriales, comerciales, artesanales o de servicios profesionales del arrendador, por lo que no cabe ser empleado para actividades de tipo particular.

En el caso de un contrato de *leasing* relativo a bienes inmuebles o establecimientos industriales, el plazo mínimo de duración del contrato es de diez años, y de dos años cuando el contrato haga referencia a un bien mueble.

Cuando el contrato de *leasing* haya vencido, el arrendatario ha de optar entre tres alternativas:

- Realizar un nuevo contrato de *leasing* en relación con el mismo bien.

- Ejercer la opción de compra que incluye este contrato y que hace que la propiedad del bien pase a poder del arrendatario.

- Devolver el bien a la entidad de financiación.

Se trata de una vía de financiación adecuada en términos temporales de medio o largo plazo, resultando muy adecuada para productos de uso generalizado, de forma que en el caso de que el arrendatario no efectúe los pagos correspondientes, el arrendador podría volver a arrendar el bien objeto del *leasing* a otro cliente.

Las ventajas que ofrece el *leasing* radican en que se puede obtener una financiación de la totalidad del bien que la empresa necesita, obteniendo el mismo de forma inmediata, por lo que puede abonar las cuotas del arrendamiento financiero con los rendimientos que se obtengan de la utilización del citado bien. En las cuotas que deben abonarse en el sistema de financiación *leasing* hay una parte que corresponde a los intereses, teniendo esta parte la consideración de gasto fiscalmente deducible, del mismo modo que la parte correspondiente a recuperar el coste del bien.

Como inconveniente ha de señalarse que este contrato requiere la suscripción de un seguro, con los costes que ello implica, además, generalmente, los tipos de interés que se aplican a la operación son más elevados que los correspondientes a los préstamos con garantía hipotecaria. En lo que se refiere a aspectos fiscales, debe señalarse que la amortización acelerada de un contrato de *leasing* genera un diferimiento de las cargas tributarias a ejercicios fiscales futuros, ya que se deben ajustar con carácter anual las diferencias existentes entre la amortización contable y fiscal.

Renting

Consiste en un contrato de arrendamiento de bienes muebles, generalmente, cuya naturaleza consiste en que el arrendador cede al arrendatario un bien mueble o inmueble, percibiendo del mismo el abono de una cuota abonada de forma periódica (mensual, trimestral, anual). La duración habitual de este contrato oscila entre los 2 y los 5 años. El *renting* puede ser empleado tanto por particulares como por empresas, a diferencia del *leasing.* La empresa que financia el *renting* adquiere el mismo para ponerlo a disposición del arrendatario, excepto si ya cuenta con el mismo en *stock.* Habitualmente se emplea para la financiación de bienes muebles cuyo valor residual es cercano a cero.

Los artículos más frecuentemente financiados mediante el sistema de *renting* son los siguientes:

- Vehículos de transporte.

- Material de construcción, tales como grúas o excavadoras.

- Tecnologías de la información.

- Material sanitario.

De hecho, en muchas entidades financieras existen productos diferenciados para llevar a cabo la financiación de cada uno de este tipo de elementos.

Entre las ventajas de este contrato se encuentra el contar con una serie de servicios complementarios para el arrendatario que simplifican la gestión que la posesión del mismo supone, por ejemplo, en el caso muy frecuente del *renting* sobre vehículos, puede incluir tanto seguro (obligatorio o todo riesgo) y mantenimiento como sustitución del mismo en el caso de que sufra avería o accidente. Fiscalmente, el importe de las cuotas tiene el carácter de gasto deducible cuando se cumple el requisito de que la aplicación del bien al desarrollo de la actividad ordinaria del bien sea íntegra. Igualmente, la empresa que emplea el *renting* como instrumento de financiación evita inmovilizar recursos en bienes que se depreciarán de forma muy rápida, además de no afectar a las ratios de endeudamiento, especialmente importante en el caso de los inmuebles, por su trascendencia económica, ya que permite renovar o ampliar los inmuebles de la empresa sin que ello implique hacer crecer los activos de la empresa ni sus niveles de endeudamiento.

Como inconvenientes cabe mencionar la necesidad de suscribir un seguro para responder a los bienes que pudiese sufrir el bien objeto del contrato, en otro sentido, puede suponer costes adicionales en el supuesto de que se supere un determinado número de kilómetros en el caso de los vehículos. El arrendatario debe revisar adecuadamente las cláusulas del contrato de modo que se ajusten a sus necesidades personales.

Así, una cláusula que obligue al abono de un importe relevante en el caso de que se resuelva el contrato en modo anticipado, puede suponer una situación de lesividad para la empresa si no está seguro del periodo de tiempo durante el que precisará disponer del bien. La duración de un contrato de *renting* no ha de superar la vida útil del bien, toda vez que se estaría abonando unas cuotas a cambio de un bien que no presta ya servicio efectivo a la empresa arrendataria.

Factoring

Contrato mediante el que una empresa cede, de forma total o parcial, la gestión de su cartera de cuentas para cobrar a una sociedad de *factoring,* especializada en el cobro de dichos créditos, permitiendo de este modo anticipar el cobro efectivo de esos créditos. El citado servicio generará unos costes financieros para la empresa en forma tanto de intereses como de comisiones. Existen, fundamentalmente, dos versiones de este sistema:

- *Factoring* sin recurso: en este caso, la empresa cede el crédito a la entidad financiera, la cual asume el riesgo del posible impago de dicho crédito, previo el correspondiente estudio de la solvencia de la persona o empresa que debe satisfacer el crédito. A cambio de esta traslación del riesgo de la empresa a la entidad financiera, los costes derivados de esta operación se incrementan de forma considerable.

- *Factoring* con recurso: en esta versión del *factoring,* el riesgo del impago del crédito permanece en la empresa que cedió el crédito a la entidad financiera. En el supuesto de que el crédito no sea abonado, será la empresa la que deberá realizar las acciones legales precisas para cobrar dicho crédito. El coste de esta figura es muy inferior al aplicable en el caso del *factoring* sin recurso.

Confirming

Es un contrato mediante el que una empresa cede a una entidad financiera la gestión de sus obligaciones de pago a proveedores. La entidad gestionará estos pagos, asegurando el cobro a los acreedores, a la vez que les facilita adelantar el cobro del importe de las facturas en una fecha previa a su vencimiento. Los proveedores serán informados por parte de la entidad financiera de que el cliente ha ordenado que le sea abonada una cuantía concreta en una fecha precisa. Una vez recibida dicha comunicación, existen dos alternativas:

- Que la entidad financiera anticipe el citado cobro, lo que va acompañado de la cobertura del riesgo de impago, de forma que los proveedores tienen asegurado el cobro del citado importe. Esta operación supone la aceptación de una serie de condiciones contractuales.

- Que la entidad financiera no anticipe el cobro. En este supuesto, se abonará en la fecha de vencimiento, no siendo aportada por parte de la entidad financiera ninguna cobertura del riesgo de impago.

Es un sistema que reduce de forma sustancial la carga administrativa de la empresa, en tanto en cuanto la gestión de los pagos queda dentro del ámbito de la entidad financiera, además de suponer una mejora en la relación comercial existente entre la empresa y sus proveedores debido a las ventajas que existen para estos.

Transporte

El contrato de transporte de mercancías es aquel por el que el porteador se obliga frente al cargador, a cambio de un precio, a trasladar mercancías de un lugar a otro y ponerlas a disposición de la persona designada en el contrato.

El contrato de transporte terrestre de mercancías se regirá por los tratados internacionales vigentes en España de acuerdo con su ámbito respectivo, las normas de la Unión Europea y las disposiciones de esta ley. En lo no previsto serán de aplicación las normas relativas a la contratación mercantil.

Sujetos

- Cargador es quien contrata en nombre propio la realización de un transporte y frente al cual el porteador se obliga a efectuarlo.

- Porteador es quien asume la obligación de realizar el transporte en nombre propio, con independencia de que lo ejecute por sus propios medios o contrate su realización con otros sujetos.

- Destinatario es la persona a quien el porteador ha de entregar las mercancías en el lugar de destino.

- Expedidor es el tercero que por cuenta del cargador haga entrega de las mercancías al transportista en el lugar de recepción de la mercancía.

Bultos y envíos

- Se entiende por bulto cada unidad material de carga diferenciada que forman las mercancías objeto de transporte, con independencia de su volumen, dimensiones y contenido.

- Se considera un envío o remesa la mercancía que el cargador entregue simultáneamente al porteador para su transporte y entrega a un único destinatario, desde un único lugar de carga a un único lugar de destino.

- El contrato de transporte puede tener por objeto un solo envío o una serie de ellos.

Contenido de la carta de porte

Cualquiera de las partes del contrato podrá exigir a la otra que se extienda una carta de porte que incluirá las siguientes menciones:

- Lugar y fecha de la emisión.

- Nombre y dirección del cargador y, en su caso, del expedidor.

- Nombre y dirección del porteador y, en su caso, del tercero que reciba las mercancías para su transporte.

- Lugar y fecha de la recepción de la mercancía por el porteador.

- Lugar y, en su caso, fecha prevista de entrega de la mercancía en destino.

- Nombre y dirección del destinatario, así como, eventualmente, un domicilio para recibir notificaciones.

- Naturaleza de las mercancías, número de bultos, y signos y señales de identificación.

- Identificación del carácter peligroso de la mercancía enviada, así como de la denominación prevista en la legislación sobre transporte de mercancías peligrosas.

- Cantidad de mercancías enviadas, determinada por su peso o expresada de otra manera.

- Clase de embalaje utilizado para acondicionar los envíos.

- Precio convenido del transporte, así como el importe de los gastos previsibles relacionados con el transporte.

- Indicación de si el precio del transporte se paga por el cargador o por el destinatario.

- En su caso, declaración de valor de las mercancías o de interés especial en la entrega, de acuerdo con lo dispuesto en el artículo 61.

- Instrucciones para el cumplimiento de formalidades y trámites administrativos preceptivos en relación con la mercancía.

La carta de porte podrá contener cualquier otra mención que sea convenida por las partes en el contrato, tales como:

- La referencia expresa de prohibición de transbordo.

- Los gastos que el remitente toma a su cargo.

- La suma del reembolso que percibir en el momento de la entrega de la mercancía.

- El valor declarado de la mercancía y la suma que representa el interés especial en la entrega.

- Instrucciones del remitente al transportista concernientes al seguro de las mercancías.

- El plazo convenido en el que el transporte ha de ser efectuado.

- La lista de documentos entregados al transportista.

Será necesario emitir una carta de porte para cada envío.

Cuando el envío se distribuya en varios vehículos, el porteador o el cargador podrá exigir la emisión de una carta de porte por cada vehículo.

En su caso, la carta de porte deberá contener cualquier otra mención que exija la legislación especial aplicable, por razón de la naturaleza de la mercancía o por otras circunstancias.

Seguro

El contrato de seguro es aquel por el que el asegurador se obliga, mediante el cobro de una prima y, para el caso de que se produzca el evento cuyo riesgo es objeto de cobertura que indemnizar, dentro de los límites pactados, el daño producido al asegurado o a satisfacer un capital, una renta u otras prestaciones convenidas.

Las distintas modalidades del contrato de seguro, en defecto de ley que les sea aplicable, se regirán por la Ley de Contrato de Seguro, cuyos preceptos tienen carácter imperativo, a no ser que en ellos se disponga otra cosa. No obstante, se entenderán válidas las cláusulas contractuales que sean más beneficiosas para el asegurado.

Las condiciones generales, que en ningún caso podrán tener carácter lesivo para los asegurados, habrán de incluirse por el asegurador en la proposición de seguro si la hubiere y, necesariamente, en la póliza de contrato o en un documento complementario, que se suscribirá por el asegurado y al que se entregará copia del mismo. Las condiciones generales y particulares se redactarán de forma clara y precisa. Se destacarán de modo especial las cláusulas limitativas de los derechos de los asegurados, que deberán ser específicamente aceptadas por escrito.

Las condiciones generales del contrato estarán sometidas a la vigilancia de la Administración pública en los términos previstos por la ley.

Declarada por el Tribunal Supremo la nulidad de alguna de las cláusulas de las condiciones generales de un contrato, la Administración pública competente obligará a los aseguradores a modificar las cláusulas idénticas contenidas en sus pólizas.

El contrato de seguro será nulo, salvo en los casos previstos por la ley, si en el momento de su conclusión no existía el riesgo o había ocurrido el siniestro.

El contrato de seguro y sus modificaciones o adiciones deberán ser formalizadas por escrito. El asegurador está obligado a entregar al tomador del seguro la póliza o, al menos, el documento de cobertura provisional. En las modalidades de seguro en que por disposiciones especiales no se exija la emisión de la póliza, el asegurador estará obligado a entregar el documento que en ellas se establezca.

La solicitud de seguro no vinculará al solicitante. La proposición de seguro por el asegurador vinculará al proponente durante un plazo de quince días.

Por acuerdo de las partes, los efectos del seguro podrán retrotraerse al momento en que se presentó la solicitud o se formuló la proposición.

El tomador del seguro puede contratar el seguro por cuenta propia o ajena. En caso de duda, se presumirá que el tomador ha contratado por cuenta propia. El tercer asegurado puede ser una persona determinada o determinable por el procedimiento que las partes acuerden.

Si el tomador del seguro y el asegurado son personas distintas, las obligaciones y los deberes que derivan del contrato corresponden al tomador del seguro, salvo aquellos que por su naturaleza deban ser cumplidos por el asegurado. No obstante, el asegurador no podrá rechazar el cumplimiento por parte del asegurado de las obligaciones y deberes que correspondan al tomador del seguro.

Los derechos que derivan del contrato corresponderán al asegurado o, en su caso, al beneficiario, salvo los especiales derechos del tomador en los seguros de vida.

La póliza del contrato deberá redactarse, a elección del tomador del seguro, en cualquiera de las lenguas españolas oficiales en el lugar donde aquella se formalice. Si el tomador lo solicita, deberá redactarse en otra lengua distinta, de conformidad con la Directiva 92/96, del Consejo de la Unión Europea, de 10 de noviembre de 1992. Contendrá, como mínimo, las indicaciones siguientes:

- Nombre y apellidos o denominación social de las partes contratantes y su domicilio, así como la designación del asegurado y beneficiario, en su caso.
- El concepto en el cual se asegura.
- Naturaleza del riesgo cubierto.
- Designación de los objetos asegurados y de su situación.
- Suma asegurada o alcance de la cobertura.
- Importe de la prima, recargos e impuestos.
- Vencimiento de las primas, lugar y forma de pago.
- Duración del contrato con expresión del día y la hora en que comienzan y terminan sus efectos.
- Si interviene un mediador en el contrato, el nombre y tipo de mediador.

3.3.1. Análisis de las partes contratantes: legitimación, obligaciones

Disposiciones generales

El contrato existe desde que una o varias personas consienten en obligarse, respecto de otra u otras, a dar alguna cosa o prestar algún servicio.

Los contratantes pueden establecer los pactos, cláusulas y condiciones que tengan por conveniente, siempre que no sean contrarios a las leyes, a la moral, ni al orden público.

La validez y el cumplimiento de los contratos no pueden dejarse al arbitrio de uno de los contratantes.

Los contratos solo producen efecto entre las partes que los otorgan y sus herederos; salvo, en cuanto a estos, el caso en que los derechos y obligaciones que proceden del contrato no sean transmisibles, o por su naturaleza, o por pacto, o por disposición de la ley.

Si el contrato contuviere alguna estipulación en favor de un tercero, este podrá exigir su cumplimiento, siempre que hubiese hecho saber su aceptación al obligado antes de que aquella haya sido revocada.

Los contratos se perfeccionan por el mero consentimiento, y, desde entonces, obligan no solo al cumplimiento de lo expresamente pactado, sino también a todas las consecuencias que, según su naturaleza, sean conformes a la buena fe, al uso y a la ley.

Ninguno puede contratar a nombre de otro sin estar por este autorizado o sin que tenga por la ley su representación legal.

El contrato celebrado a nombre de otro por quien no tenga su autorización o representación legal será nulo, a no ser que lo ratifique la persona a cuyo nombre se otorgue antes de ser revocado por la otra parte contratante.

No se admitirá juramento en los contratos. Si se hiciera, se tendrá por no puesto.

Requisitos esenciales para la validez de los contratos

Disposición general

No hay contrato, sino cuando concurren los requisitos siguientes:

- Consentimiento de los contratantes.

- Objeto cierto que sea materia del contrato.

- Causa de la obligación que se establezca.

El consentimiento

El consentimiento se manifiesta por el concurso de la oferta y de la aceptación sobre la cosa y la causa que han de constituir el contrato.

Hallándose en lugares distintos el que hizo la oferta y el que la aceptó, hay consentimiento desde que el oferente conoce la aceptación o desde que, habiéndosela remitido el aceptante, no pueda ignorarla sin faltar a la buena fe. El contrato, en tal caso, se presume celebrado en el lugar en que se hizo la oferta.

En los contratos celebrados mediante dispositivos automáticos hay consentimiento desde que se manifiesta la aceptación.

No pueden prestar consentimiento:

- Los menores no emancipados.
- Los incapacitados.

La incapacidad anteriormente citada está sujeta a las modificaciones que la ley determina, y se entiende sin perjuicio de las incapacidades especiales que la misma establece.

Será nulo el consentimiento prestado por error, violencia, intimidación o dolo.

Para que el error invalide el consentimiento, deberá recaer sobre la sustancia de la cosa que fuere objeto del contrato, o sobre aquellas condiciones de la misma que principalmente hubiesen dado motivo a celebrarlo.

El error sobre la persona solo invalidará el contrato cuando la consideración a ella hubiese sido la causa principal del mismo.

El simple error de cuenta solo dará lugar a su corrección.

Hay violencia cuando, para arrancar el consentimiento, se emplea una fuerza irresistible.

Hay intimidación cuando se inspira a uno de los contratantes el temor racional y fundado de sufrir un mal inminente y grave en su persona o bienes, o en la persona o bienes de su cónyuge, descendientes o ascendientes.

Para calificar la intimidación debe atenderse a la edad y a la condición de la persona.

El temor de desagradar a las personas a quienes se debe sumisión y respeto no anulará el contrato.

La violencia o intimidación anularán la obligación, aunque se hayan empleado por un tercero que no intervenga en el contrato.

Hay dolo cuando, con palabras o maquinaciones insidiosas de parte de uno de los contratantes, es inducido el otro a celebrar un contrato que, sin ellas, no hubiera hecho.

Para que el dolo produzca la nulidad de los contratos, deberá ser grave y no haber sido empleado por las dos partes contratantes.

El dolo incidental solo obliga al que lo empleó a indemnizar daños y perjuicios.

El objeto de los contratos

Pueden ser objeto de contrato todas las cosas que no están fuera del comercio de los hombres, aun las futuras.

Sobre la herencia futura no se podrá, sin embargo, celebrar otros contratos que aquellos cuyo objeto sea practicar entre vivos la división de un caudal y otras disposiciones particionales, conforme a lo dispuesto en el artículo 1056 del Código Civil.

Pueden ser, igualmente, objeto de contrato todos los servicios que no sean contrarios a las leyes o a las buenas costumbres.

No podrán ser objeto de contrato las cosas o servicios imposibles.

El objeto de todo contrato debe ser una cosa determinada en cuanto a su especie. La indeterminación en la cantidad no será obstáculo para la existencia del contrato, siempre que sea posible determinarla sin necesidad de nuevo convenio entre los contratantes.

La causa de los contratos

En los contratos onerosos se entiende por causa, para cada parte contratante, la prestación o promesa de una cosa o servicio por la otra parte; en los remuneratorios, el servicio o beneficio que se remunera, y en los de pura beneficencia, la mera liberalidad del bienhechor.

Los contratos sin causa, o con causa ilícita, no producen efecto alguno. Es ilícita la causa cuando se opone a las leyes o a la moral.

La expresión de una causa falsa en los contratos dará lugar a la nulidad, si no se probase que estaban fundados en otra verdadera y lícita.

Aunque la causa no se exprese en el contrato, se presume que existe y que es lícita mientras el deudor no pruebe lo contrario.

Contratos mercantiles

Los comerciantes y de los actos de comercio.

Son comerciantes para los efectos del Código de Comercio:

- Los que, teniendo capacidad legal para ejercer el comercio, se dedican a él habitualmente.

- Las compañías mercantiles o industriales que se constituyen con arreglo al Código de Comercio.

Los actos de comercio, sean o no comerciantes los que los ejecuten, y estén o no especificados en el Código de Comercio, se regirán por las disposiciones contenidas en él; en su defecto, por los usos del comercio observados generalmente en cada plaza, y, a falta de ambas reglas, por las del derecho común.

Serán reputados actos de comercio los comprendidos en el Código de Comercio y cualesquiera otros de naturaleza análoga.

Existirá la presunción legal del ejercicio habitual del comercio, desde que la persona que se proponga ejercerlo anunciase por circulares, periódicos, carteles, rótulos expuestos al público, o de otro modo cualquiera, un establecimiento que tenga por objeto alguna operación mercantil.

Tendrán capacidad legal para el ejercicio habitual del comercio las personas mayores de edad y que tengan la libre disposición de sus bienes.

Los menores de dieciocho años y los incapacitados podrán continuar, por medio de sus guardadores, el comercio que hubiesen ejercido sus padres o sus causantes. Si los guardadores carecieran de capacidad legal para comerciar, o tuvieran alguna incompatibilidad, estarán obligados a nombrar uno o más factores que reúnan las condiciones legales, quienes les suplirán en el ejercicio del comercio.

En caso de ejercicio del comercio por persona casada, quedarán obligados a las resultas del mismo los bienes propios del cónyuge que lo ejerza y los adquiridos con esas resultas, pudiendo enajenar e hipotecar los unos y los otros. Para que los demás bienes comunes queden obligados, será necesario el consentimiento de ambos cónyuges.

Se presumirá otorgado el consentimiento a que se refiere el artículo anterior cuando se ejerza el comercio con conocimiento y sin oposición expresa del cónyuge que deba prestarlo.

También se presumirá otorgado el consentimiento a que se refiere el artículo 6 cuando, al contraer matrimonio, se hallara uno de los cónyuges ejerciendo el comercio y lo continuase sin oposición del otro.

El consentimiento para obligar los bienes propios del cónyuge del comerciante habrá de ser expreso en cada caso.

El cónyuge del comerciante podrá revocar libremente el consentimiento expreso o presunto a que se refieren los artículos anteriores.

Los actos de consentimiento, oposición y revocación a que se refieren los artículos 7, 9 y 10 del Código de Comercio habrán de constar, a los efectos de tercero, en escritura pública inscrita en el Registro Mercantil. Los de revocación no podrán, en ningún caso, perjudicar derechos adquiridos con anterioridad.

Lo dispuesto en los artículos anteriores se entiende sin perjuicio de pactos en contrario contenidos en capitulaciones matrimoniales debidamente inscritas en el Registro Mercantil.

No podrán ejercer el comercio ni tener cargo ni intervención directa administrativa o económica en compañías mercantiles o industriales:

- Las personas que sean inhabilitadas por sentencia firme conforme a la Ley Concursal mientras no haya concluido el periodo de inhabilitación. Si se hubiera autorizado al inhabilitado a continuar al frente de la empresa o como administrador de la sociedad concursada, los efectos de la autorización se limitarán a lo específicamente previsto en la resolución judicial que la contenga.

- Los que, por leyes o disposiciones especiales, no puedan comerciar.

No podrán ejercer la profesión mercantil por sí ni por otro, ni obtener cargo ni intervención directa administrativa o económica en sociedades mercantiles o industriales, dentro de los límites de los distritos, provincias o pueblos en que desempeñen sus funciones:

- Los magistrados, jueces y funcionarios del Ministerio Fiscal en servicio activo.

  Esta disposición no será aplicable a los alcaldes, jueces y fiscales municipales, ni a los que accidentalmente desempeñen funciones judiciales o fiscales.

- Los jefes gubernativos, económicos o militares de distritos, provincias o plazas.

- Los empleados en la recaudación y administración de fondos del Estado, nombrados por el Gobierno. Se exceptúan los que administren o recauden por asiento, y sus representantes.

- Los agentes de cambio y corredores de comercio, de cualquier clase que sean.

- Los que, por leyes o disposiciones especiales, no puedan comerciar en determinado territorio.

Los extranjeros y las compañías constituidas en el extranjero podrán ejercer el comercio en España con sujeción a las leyes de su país, en lo que se refiera a su capacidad para contratar, y a las disposiciones del Código de Comercio, en todo cuanto concierna a la creación de sus establecimientos dentro del territorio español, a sus operaciones mercantiles y a la jurisdicción de los tribunales de la nación.

Lo prescrito en este artículo se entenderá sin perjuicio de lo que en casos particulares pueda establecerse por los tratados y convenios con las demás potencias.

3.3.2. Contenido: cláusulas fundamentales

Tal como se indicaba previamente en este apartado del manual, la normativa civil y mercantil recoge los requisitos de validez de los contratos sometidos a estos ámbitos del ordenamiento jurídico. Con independencia de los principios generales ya expuestos y aplicables a la totalidad de los contratos implicados, existe una serie de contratos civiles y mercantiles, entre los que destacan algunos de los expuestos en este apartado del manual, que cuentan con preceptos específicos que limitan la libertad de las partes a la hora de regular sus relaciones jurídicas.

La libertad de contratación se caracteriza por la capacidad que tienen las partes, en el derecho privado, acerca de las condiciones y los términos que regirán los contratos, si bien esa libertad no es absoluta, toda vez que existen límites basados tanto en normas legales específicas como en el debido respeto a los intereses, expectativas y legítimos intereses de las demás personas.

3.3.3. Cumplimiento y causas de resolución del contrato

La extinción de las obligaciones

Las obligaciones se extinguen:

- Por el pago o cumplimiento:

  - No se entenderá pagada una deuda sino cuando se hubiese entregado completamente la cosa o hecha la prestación en que la obligación consistía.

  - Puede hacer el pago cualquier persona, tenga o no interés en el cumplimiento de la obligación, ya lo conozca y lo apruebe, o ya lo ignore el deudor.

  - El que pagase por cuenta de otro podrá reclamar del deudor lo que hubiese pagado, a no haberlo hecho contra su expresa voluntad. En este caso, solo podrá repetir del deudor aquello en que le hubiera sido útil el pago.

  - En las obligaciones de dar no será válido el pago hecho por quien no tenga la libre disposición de la cosa debida y capacidad para enajenarla.

Sin embargo, si el pago hubiere consistido en una cantidad de dinero o cosa fungible, no habrá repetición contra el acreedor que la hubiese gastado o consumido de buena fe.

- En las obligaciones de hacer el acreedor no podrá ser compelido a recibir la prestación o el servicio de un tercero, cuando la calidad y circunstancias de la persona del deudor se hubiesen tenido en cuenta al establecer la obligación.

- Por la pérdida de la cosa debida:

  - Quedará extinguida la obligación que consista en entregar una cosa determinada cuando esta se perdiese o destruyese sin culpa del deudor y antes de haberse este constituido en mora.

  - Siempre que la cosa se hubiese perdido en poder del deudor, se presumirá que la pérdida ocurrió por su culpa y no por caso fortuito, salvo prueba en contrario.

  - También quedará liberado el deudor en las obligaciones de hacer cuando la prestación resultase legal o físicamente imposible.

  - Extinguida la obligación por la pérdida de la cosa, corresponderán al acreedor todas las acciones que el deudor tuviere contra terceros por razón de esta.

- Por la condonación de la deuda:

  - La condonación podrá hacerse expresa o tácitamente. Una y otra estarán sometidas a los preceptos que rigen las donaciones inoficiosas. La condonación expresa deberá, además, ajustarse a las formas de la donación.

  - La entrega del documento privado justificativo de un crédito, hecha voluntariamente por el acreedor al deudor, implica la renuncia de la acción que el primero tenía contra el segundo.

  - Si, para invalidar esta renuncia, se pretendiese que es inoficiosa, el deudor y sus herederos podrán sostenerla probando que la entrega del documento se hizo en virtud del pago de la deuda.

  - La condonación de la deuda principal extinguirá las obligaciones accesorias, pero la de estas dejará subsistente la primera.

- Por la confusión de los derechos de acreedor y deudor:

  - Quedará extinguida la obligación desde que se reúnan en una misma persona los conceptos de acreedor y de deudor. Se exceptúa el caso en que esta confusión tenga lugar en virtud de título de herencia, si esta hubiese sido aceptada a beneficio de inventario.

– La confusión que recae en la persona del deudor o del acreedor principal aprovecha a los fiadores. La que se realiza en cualquiera de estos no extingue la obligación.

– La confusión no extingue la deuda mancomunada, sino en la porción correspondiente al acreedor o deudor en quien concurran los dos conceptos.

- Por la compensación:

  – Tendrá lugar la compensación cuando dos personas, por derecho propio, sean recíprocamente acreedoras y deudoras la una de la otra.

  – Para que proceda la compensación, es preciso:

    · Que cada uno de los obligados lo esté principalmente, y sea a la vez acreedor principal del otro.

    · Que ambas deudas consistan en una cantidad de dinero, o, siendo fungibles las cosas debidas, sean de la misma especie y también de la misma calidad, si esta se hubiese designado.

    · Que las dos deudas estén vencidas.

    · Que sean líquidas y exigibles.

    · Que sobre ninguna de ellas haya retención o contienda promovida por terceras personas y notificada oportunamente al deudor.

  – El deudor que hubiere consentido en la cesión de derechos hecha por un acreedor a favor de un tercero no podrá oponer al cesionario la compensación que le correspondería contra el cedente.

  – Si el acreedor le hizo saber la cesión y el deudor no la consintió, puede oponer la compensación de las deudas anteriores a ella, pero no la de las posteriores.

  – Si la cesión se realiza sin conocimiento del deudor, podrá este oponer la compensación de los créditos anteriores a ella y de los posteriores hasta que hubiese tenido conocimiento de la cesión.

- Por la novación:

  – Las obligaciones pueden modificarse:

    · Variando su objeto o sus condiciones principales.

- · Sustituyendo la persona del deudor.

- · Subrogando a un tercero en los derechos del acreedor.

- Para que una obligación quede extinguida por otra que la sustituya, es preciso que así se declare terminantemente, o que la antigua y la nueva sean de todo punto incompatibles.

- La novación, que consiste en sustituirse un nuevo deudor en lugar del primitivo, puede hacerse sin el conocimiento de este, pero no sin el consentimiento del acreedor.

- La insolvencia del nuevo deudor, que hubiese sido aceptado por el acreedor, no hará revivir la acción de este contra el deudor primitivo, salvo que dicha insolvencia hubiese sido anterior y pública o conocida del deudor al delegar su deuda.

La rescisión de los contratos

Los contratos válidamente celebrados pueden rescindirse en los casos establecidos por la ley.

Son rescindibles:

- Los contratos que pudieren celebrar los tutores sin autorización judicial, siempre que las personas a quienes representan hayan sufrido lesión en más de la cuarta parte del valor de las cosas que hubieran sido objeto de aquellos.

- Los celebrados en representación de los ausentes, siempre que estos hayan sufrido la lesión a que se refiere el número anterior.

- Los celebrados en fraude de acreedores, cuando estos no puedan de otro modo cobrar lo que se les deba.

- Los contratos que se refieran a cosas litigiosas, cuando hubiesen sido celebrados por el demandado sin conocimiento y aprobación de las partes litigantes o de la autoridad judicial competente.

- Cualesquiera otros en que especialmente lo determine la ley.

Son también rescindibles los pagos hechos en estado de insolvencia por cuenta de obligaciones a cuyo cumplimiento no podía ser compelido el deudor al tiempo de hacerlos.

Ningún contrato se rescindirá por lesión, fuera de los casos mencionados en los números 1.º y 2.º del artículo 1291 del Código Civil.

La acción de rescisión es subsidiaria; no podrá ejercitarse sino cuando el perjudicado carezca de todo otro recurso legal para obtener la reparación del perjuicio.

La rescisión obliga a la devolución de las cosas que fueron objeto del contrato con sus frutos, y del precio con sus intereses. En consecuencia, solo podrá llevarse a efecto cuando el que la haya pretendido pueda devolver aquello a que por su parte estuviese obligado.

Tampoco tendrá lugar la rescisión cuando las cosas, objeto del contrato, se hallasen legalmente en poder de terceras personas que no hubiesen procedido de mala fe.

En este caso, podrá reclamarse la indemnización de perjuicios al causante de la lesión.

La rescisión de que trata el número 2.º del artículo 1291 del Código Civil no tendrá lugar respecto de los contratos celebrados con autorización judicial.

Se presumen celebrados en fraude de acreedores todos aquellos contratos en virtud de los cuales el deudor enajenare bienes a título gratuito.

También se presumen fraudulentas las enajenaciones a título oneroso, hechas por aquellas personas contra las cuales se hubiese pronunciado antes sentencia condenatoria en cualquier instancia o expedido mandamiento de embargo de bienes.

El que hubiese adquirido de mala fe las cosas enajenadas en fraude de acreedores deberá indemnizar a estos de los daños y perjuicios que la enajenación les hubiese ocasionado, siempre que por cualquier causa le fuera imposible devolverlas.

La acción para pedir la rescisión dura cuatro años.

Para las personas sujetas a tutela y para los ausentes, los cuatro años no empezarán hasta que haya cesado la incapacidad de los primeros, o sea conocido el domicilio de los segundos.

3.3.4. Normativa aplicable

Complementando lo señalado en el apartado 3.2, cabe mencionar la legislación especial aplicable a la contratación civil y mercantil.

Entre la legislación especial cabe mencionar la siguiente:

- Real Decreto Legislativo 1/2010, de 2 de julio, por el que se aprueba el texto refundido de la Ley de Sociedades de Capital.

- Ley 49/2003, de 26 de noviembre, de Arrendamientos Rústicos.
- Ley 23/2003, de 10 de julio, de Garantías en la venta de Bienes de Consumo.
- Ley 7/1998, de 13 de abril, sobre Condiciones Generales de la Contratación.
- Ley 29/1994, de 24 de noviembre, de Arrendamientos Urbanos.
- Ley 22/1994, de 6 de julio, de Responsabilidad Civil por Daños Causados por Productos Defectuosos.
- Ley 12/1992, de 27 mayo, sobre Contrato de Agencia.
- Ley 24/1988, de 28 de julio, del Mercado de Valores.
- Ley 16/1987, de 30 de julio, de Ordenación de los Transportes Terrestres.
- Ley 26/1984, de 19 de julio, General para la Defensa de los Consumidores y Usuarios.
- Ley 50/1980, de 8 de octubre, de Contrato de Seguro.

3.3.5. Modelos de contratos

Teniendo presente la existencia de libertad a la hora de redactar formalmente los contratos, solamente cabe aportar una serie de ejemplos que sirvan para mostrar casos de redacción de contratos civiles y mercantiles, debiendo tenerse presente que deberá ajustarse la redacción de los mismos a lo que los intereses concretos de las partes precisen en cada supuesto particular, ya que puede ser necesario añadir una serie de cláusulas específicas en función de la complejidad del negocio jurídico que se vea reflejado en el contrato.

Como ejemplo de contrato mercantil, se adjunta un contrato de compraventa y otro de agencia.

MODELO DE CONTRATO DE COMPRAVENTA

COMPARECIENDO

D/D.ª ..., director general de la empresa..., constituida mediante escritura pública otorgada ante el Notario de... D/D.ª... e inscrita en el Registro Mercantil el día... de... de.., libro..., tomo..., folio..., con CIF núm...., y cuyo domicilio social se halla situado en..., calle..., con poderes de representación otorgados mediante escritura pública autorizada el Notario de.... D/D.ª... el día... de... de... de..., de una parte;

D/D.ª..., con DNI..., de profesión... y domiciliado en..., calle..., de otra parte (en el caso de que sea otra empresa se indicarán los datos de la misma con el mismo detalle del punto anterior);

ACUERDAN

Celebrar este CONTRATO DE COMPRAVENTA MERCANTIL, de conformidad con las siguientes,

ESTIPULACIONES

a. D/D.ª... vendedor, es el legítimo propietario de las mercancías que se detallan a continuación:

- ....
- ....
- ....

b. Las mencionadas mercancías se hallan valoradas en... €., precio que es aceptado por dichas partes intervinientes.

c. En este acto el vendedor procede a realizar la entrega de las mercancías vendidas a la parte compradora.

d. En este acto el comprador lleva a cabo el pago del precio de la transacción comercial en metálico, teniendo el presente documento la consideración de carta de pago.

e. El vendedor responderá del correspondiente saneamiento por vicios ocultos y evicción en caso de que sea preciso.

f. La integridad de los gastos que se deriven del presente contrato correrán de cuenta del comprador.

g. Para la resolución de las cuestiones jurídicas derivadas de este contrato las partes se someten de forma expresa a los tribunales de..., con renuncia del fuero que, en su caso, pudiese corresponderles.

Expresando su conformidad, suscriben este contrato de compraventa mercantil D/D.ª..., como director de la empresa..., y D/D.ª..., en... a... de... de...

MODELO DE CONTRATO DE AGENCIA

REUNIDOS

D/D.ª..., director general de la empresa..., constituida mediante escritura pública otorgada ante el Notario de... D/D.ª... e inscrita en el Registro Mercantil el día... de... de..., libro..., tomo..., folio..., con CIF núm. ..., y cuyo domicilio social se halla situado en..., calle..., con poderes de representación otorgados mediante escritura pública autorizada el Notario de.... D/D.ª... el día... de... de... de ..., de una parte;

D/D.ª... mayor de edad, vecino de..., domiciliado en... y con DNI núm. ..., en adelante agente, por otra parte;

Acuerdan celebrar el presente <u>CONTRATO DE AGENCIA</u>, de acuerdo con las siguientes cláusulas

a. La empresa... nombra a D/D.ª... agente, el cual será su representante para (concretar el acto u operación de comercio) de acuerdo a las siguientes instrucciones (especificar).

b. D/D.ª se obliga respecto de la empresa... a promover y concluir (concretar el acto u operación de comercio) por cuenta ajena.

c. La actuación del agente mediante subagentes requerirá ser expresamente autorizada por el empresario.

d. El agente no tendrá la capacidad de desarrollar sus actividades profesionales por cuenta de diversos empresarios en el periodo de vigencia de este contrato.

e. El agente está obligado a obrar con lealtad y de buena fe cuidando de los intereses del empresario por cuenta de quien actúa, en el desarrollo de la actividad encomendada.

f. D/D.ª... se obliga a transmitir a la empresa... la integridad de la información con la que cuente, cuando sea precisa para la correcta gestión de los actos u operaciones comerciales cuya promoción y conclusión les sea encomendada mediante este contrato, así como, especialmente, la referida al nivel de solvencia de los terceros con los que hayan operaciones pendientes de conclusión o ejecución.

g. El agente está obligado a llevar a cabo su actividad de acuerdo a las instrucciones indicadas en el apartado a de este contrato y aquellas recibidas desde la empresa..., siempre que no menoscaben su independencia.

h. El agente está obligado a recibir en nombre del empresario cualquier clase de reclamaciones procedentes de terceros en relación con defectos o vicios de calidad o cantidad de los bienes vendidos y de los servicios desarrollados como consecuencia de las operaciones desarrolladas, con independencia de no se hubiesen concluido.

i. La empresa... está obligada a poner a disposición del agente los muestrarios, catálogos, tarifas y el resto de la documentación precisa para el ejercicio de la actividad encomendada.

j. La empresa... se halla obligada a facilitar al agente la totalidad de las informaciones necesarias para el desarrollo por parte del agente de la actividad encomendada.

k. La empresa... procederá a abonar al agente en concepto de remuneración la cantidad de... € , a lo que se añadirá una comisión equivalente al ... % de las cantidades logradas por la empresa... derivadas de las operaciones concluidas en base a la intervención del agente a lo largo de la vigencia de este contrato con personas, respecto a quienes se hubiesen promovido, e, hipotéticamente, concluido una operación de similar naturaleza.

l. Por las operaciones que se hubiesen concluido después de la finalización de la vigencia de este contrato, el agente tendrá derecho a la comisión cuando esté presente alguna de las circunstancias siguientes:

— Que el acto u operación comercial se deban fundamentalmente a la actividad llevada a cabo por el agente a lo largo de la vigencia del contrato, siempre que hayan sido concluidas dentro de los tres meses siguientes tras la extinción del presente contrato.

— Que la empresa... o el agente hubiesen recibido el encargo o pedido con anterioridad a la extinción del contrato de agencia, siempre que el agente hubiese tenido derecho a recibir la comisión en el supuesto de que se concluyese el acto u operación de comercio a lo largo de la vigencia del contrato.

— Que la comisión no corresponda a un agente previamente contratado, excepto cuando, teniendo en cuenta las circunstancias presentes, fuese adecuado repartir la comisión entre los dos agentes.

m. La empresa... está obligada a abonar al agente los gastos que le generen el desarrollo de la actividad encomendada, siempre que se presenten facturas o recibos justificativos.

n. Este contrato de agencia se suscribe con una duración de... años, computándose desde la fecha de su firma. Si después de la finalización del plazo de duración, las partes mantienen la ejecución de este contrato, se entenderá que este se convierte en un contrato de duración indefinida.

ñ. Tanto la empresa... como D/D.ª... podrá considerar por finalizado el contrato en cualquier momento, sin que sea preciso el preaviso, en las siguientes situaciones:

– En el supuesto de que la otra parte incumpla, en forma total o parcial, las obligaciones establecidas en este contrato y en la legislación aplicable.

– Si la otra parte es declarada en concurso.

En los dos supuestos se entenderá que el contrato finaliza tras la recepción de la notificación por escrito en la cual se exponga la voluntad de darlo por extinguido.

o. Este contrato quedará extinguido por la muerte o declaración de fallecimiento del agente.

p. Tras la extinción de este contrato de agencia, en el caso de que el agente haya aportado nuevos clientes a la empresa... o aumentado significativamente las operaciones con la clientela anteriormente existente, generará un derecho a una indemnización el caso de que su actividad anterior pudiese seguir generando ventajas sustanciales a la empresa..., y resulta equitativo de acuerdo a las circunstancias existentes, sin que sea posible que la indemnización supere el importe medio anual de las remuneraciones obtenidas por el agente a lo largo del periodo de duración del contrato.

q. El agente no generará derecho a la indemnización por clientela en los siguientes casos:

– Si la empresa... hubiese procedido a la extinción del contrato en base al incumplimiento de las obligaciones contractuales o legales aplicables al agente.

– Si el agente hubiese procedido a la denuncia del contrato, excepto si la denuncia tuviera como causa situaciones imputables a la empresa..., o se basase en la edad, la incapacidad o la enfermedad del agente y no se le pudiese exigir de forma lógica la continuidad de sus actividades.

– Si, con el consentimiento de la empresa, el agente cediese a un tercero los derechos y las obligaciones de las que era titular en base a este contrato.

r. La acción para reclamar la indemnización por clientela tiene un plazo de prescripción de un año computado desde la extinción de este contrato.

s. Tras quedar extinguido el contrato de agencia, el agente no podrá llevar a cabo actividades parecidas a la encomendada en este contrato durante un plazo de... años en el territorio de...

t. Para la resolución de los problemas referidos a la interpretación o aplicación de este contrato será competente el juez del domicilio del agente.

Expresando su conformidad, suscriben este contrato D/Dª..., como director de la empresa... y D/D.ª... por duplicado y a un solo efecto, este contrato de AGENCIA, en... a... de... de...

3.4. Búsqueda de modelos de contratos

Tradicionalmente han existido recopilaciones de contratos en formato físico en las que se recogen modelos de contratos a disposición de los usuarios que pudiesen precisar contar con una guía para redactarlos, pudiendo añadir las cláusulas que estime oportunas al modelo propuesto.

En la actualidad, a esta fuente ha de añadírsele la versión *online* de muchas de estas recopilaciones. Debe tenerse presente la necesidad de acudir a fuentes de confianza, dado que en internet existen numerosos ejemplos de contratos incorrectamente redactados o en los que existen claras carencias en su redacción.

La redacción de los contratos ha de ser cuidadosamente revisada por la empresa.

3.5. Cumplimentación de modelos de contratos a través de aplicaciones informáticas

Las dos aplicaciones más empleadas para la cumplimentación de contratos mediante aplicaciones informáticas son Microsoft Word y OpenOffice Writer. La primera forma parte del paquete Microsoft Office, la segunda, de OpenOffice, tratándose, en este segundo caso, de una aplicación de código abierto.

Modelo de plantilla de contrato de compraventa incluido en Microsoft Word.

3.6. Archivo de la información y documentación de cada contrato

Los archivos de una empresa se definen como la serie de documentos que son generados por la misma en el ejercicio de las actividades económicas y productivas que les corresponden, en una forma automática y orgánica, los cuales son conservar para preservar el testimonio de su información.

Las dos principales funciones de un archivo son las siguientes:

• Preservar el conjunto de la documentación.

• Acceder a los documentos en el momento en que sean requeridos.

No toda la documentación de una empresa ha de ser conservada de forma indefinida, ya que ello supondría un coste importante derivado de los requisitos logísticos que ello requeriría. La decisión acerca de la conservación o no de los documentos ha de basarse en criterios de gestión y en razonamientos legales.

Existen multitud de documentos del tráfico cotidiano de una empresa que carecen de valor tras un breve periodo de tiempo, por lo que conservarlos solo supone un coste económico y un derroche de recursos para la empresa. Del mismo modo, cuando las obligaciones fiscales o laborales señalan el cese de la obligación de conservar determinados documentos, es el momento en el que la empresa debe adoptar la correspondiente decisión acerca de si procede o no su conservación.

Debe distinguirse entre archivo general y archivo de oficina. El primero reúne los documentos que, en principio, no serán empleados con posterioridad. Sin embargo, los mismos deben organizarse de forma que, en caso de que así sea preciso, pueda accederse a los mismos de forma ágil.

Los archivos de oficina han de contar con una accesibilidad muy elevada, dado que los documentos allí reunidos pueden ser empleados de forma habitual, siendo sencillo y rápido el método de localizar cada documento concreto que sea requerido. La extensión del mismo habrá de ser suficiente como para que puedan ser incorporados los documentos que se produzcan en la empresa.

Actividades de comprobación

3.1. Los contratantes pueden establecer los pactos, cláusulas y condiciones que tengan por conveniente, ¿con qué límites?

3.2. Si apareciese divergencia entre los ejemplares de un contrato que presenten los contratantes, y en su celebración hubiera intervenido agente o corredor, ¿a qué se estará?

3.3. El contrato de concesión mercantil o de distribución en exclusiva, por el cual un empresario se compromete a adquirir, en determinadas condiciones, productos normalmente de marca, a otro que le otorga una cierta exclusividad en una zona, y a revenderlos también bajo ciertas condiciones, así como a prestar a los compradores de estos productos asistencia una vez realizada la venta. ¿Es una franquicia?

3.4. Define el contrato de agencia.

3.5. Define el contrato de comisión mercantil.

3.6. Define el contrato de *renting*.

3.7. ¿Qué tres requisitos requiere un contrato para que el mismo exista?

3.8. ¿A qué se denomina causa de un contrato?

3.9. ¿Cuándo tiene lugar la compensación de una obligación?

3.10. ¿Cuándo se produce la extinción de una obligación en base a la confusión de los derechos de acreedor y deudor?

Actividades de aplicación

3.1. Redacta un contrato de compraventa de un producto empleando el ejemplo propuesto.

3.2. Redacta un contrato de agencia utilizando el modelo que aparece en el texto.

3.3. Redacta una carta de porte de un producto siguiendo las características que se relacionan en el manual.